国学精粹 上

四书卷　五经卷

主编◎唐子恒　赵宇红

山东文艺出版社

本书编委会

主　　编：唐子恒　赵宇红
编写者：　唐子恒　赵宇红　张　健
　　　　　李福兴　赵睿才　刘琪瑶
　　　　　齐好芝　杜以恒　肖玉芳
　　　　　孙丽萍　王砚文　李　璐
　　　　　王　博　陈　兵

出版说明

中华优秀传统文化博大精深、源远流长，蕴含着极其丰富而又珍贵的思想精神财富，是建设中华民族共有精神家园的重要支撑。实现中华民族伟大复兴的中国梦，必须大力传承弘扬中华优秀传统文化。

为使广大读者能够更好地了解中华优秀传统文化，学习和借鉴古人的人生哲理和智慧，提高精神文明和思想文化素质，我们组织专家编写并出版本书。

全书分上下两册，上册为"四书卷、五经卷"。儒家经典著作是中华优秀传统文化中的精粹，而儒家经典当以"四书""五经"为基本。"四书"是指《论语》《孟子》《大学》《中庸》，主要记载了影响千年的孔孟哲学思想、古人安身立命之道等内容。"五经"包括《诗》《书》《礼》《易》《春秋》，是中国学术思想的主要代表，是后世文章的典范。"四书""五经"代表着以道德为核心价值的文化体系，体现着博大的胸怀与高度的道德自觉精神，是中华传统文化的无价之宝。

下册为"诸子卷、文史卷"。诸子百家从不同角度记述和反映了当时的社会生活和思想面貌，创造了灿烂的文化，其学说思想成为后世的文化原典和不竭的文化源泉，为中华文化发展奠定了丰厚的基础。古代散文、唐诗、宋词等构筑了高大宏伟的中国古代文学大厦，那些优秀的篇章至今都熠熠生辉，闪烁着夺目光彩，给我们以享受，给我们以智慧。《史记》《资治通鉴》等中国古代史著，不仅记录和传播了中华民族悠久的历史和灿烂的文明，还为文学艺术创作提供了取之不尽、用之不竭的素材。

本书通过经典诵读，引导广大读者学习和传承中华优秀传统文化，做一个具有人文情怀和世界眼光的现代中国人。

本书在编写过程中，广泛吸取专家的研究成果，力求严谨完善。但疏漏之处在所难免，敬请读者指正。

编者

目 录

四书卷

一 《论语》选读　　　　　　　　3
　　论仁　论道德修养　论君子　论义　论政治
　　论古人　论礼　论智　论信　论教育

二 《孟子》选读　　　　　　　　53
　　论仁　论性本善　论道德修养　论君子　论义
　　论政治　论古人　论礼　论智论信　论教育

三 《大学》选读　　　　　　　　119
　　大学之道　修齐治平

四 《中庸》选读　　　　　　　　139
　　中庸之道　为政在人

五经卷

一 《诗经》选读　　　　　　　　155
　　汉广　蒹葭　苤苢　七月　东山　无衣

二 《尚书》选读　　　　　　　　169
　　永敬大恤　勤勉理政

三 《礼记》选读　　　　　　　　185
　　大同小康　教学相长

四 《周易》选读　　　　　　　　201
　　自强不息　阴阳之道

五 《左传》选读　　　　　　　　207
　　齐晋鞌之战　子产相郑

四书卷

一　《论语》选读

　　《论语》由孔子的弟子和再传弟子编纂而成，主要记录孔子以及孔子的一些弟子的言行，成书大概在战国前期。孔子（前551—前479）名丘，字仲尼，春秋末期鲁国陬邑（今山东曲阜）人，我国古代著名的思想家、教育家，儒家学派的创始人。

　　孔子思想的核心是"仁"，孔子认为"仁"是最高道德标准，是"博施于民而能济众"（《雍也》），是"己所不欲，勿施于人"（《颜渊》）的同情心。孔子公开聚徒讲学，主张"有教无类"（《卫灵公》）、"多闻阙疑"（《为政》）、"三人行必有我师"（《述而》）等，对古代文化教育的发展起了促进作用，也提供了宝贵的经验。

　　流传至今的《论语》共二十篇，每篇分若干章，各篇取首章开头语句中的两个或三个字作为篇题，便于学习诵读时记忆。

论 仁

子曰:"巧言,令色[1],鲜矣仁!"(《论语·学而》)

注释 [1] 令:美好。色:脸色,表情。
译文 孔子说:"花言巧语,伪善的面孔,这种人的仁德是很少的。"

子曰:"不仁者,不可以久处约[1],不可以长处乐。仁者安仁,知者利仁。"(《论语·里仁》)

注释 [1] 约:贫困。
译文 孔子说:"不仁的人不能长久地处在贫困中,也不能长久地处在安乐中。仁者是安于仁道的,智者则是知道仁对自己有利才去行仁的。"

子曰:"富与贵,是人之所欲也;不以其道得之,不处也。贫与贱,是人之恶也;不以其道得之[1],不去也。君子去仁,恶者成名?君子无终食之间违仁,造次必于是[2],颠沛必于是。"(《论语·里仁》)

注释 [1] 得之:应当是"去之",可能是古人的笔误。[2] 造次:仓促;匆忙。于是:在仁德这里。是,此,指仁。
译文 孔子说:"富裕和显贵是人人都想要的,但不用正当的方法得到它,就不接受;贫穷与低贱是人人都厌恶的,但不用正当的方法离开它,就不摆脱。君子如果离开了仁德,怎么成就自己的名声?君子没有一顿饭的时间是背离仁德的,就是在仓促匆忙中也和仁在一起,就是在颠沛流离中也和仁在一起。"

子曰:"我未见好仁者、恶不仁者。好仁者,无以尚之[1];恶不仁者，其为仁矣，不使不仁者加乎其身。有能一日用其力于仁矣乎？我未见力不足者。盖有之矣[2]，我未见也。"（《论语·里仁》）

注释 [1]尚：超过。[2]盖：大概。
译文 孔子说："我没见过爱好仁的人和厌恶不仁的人。爱好仁的人，是再好不过的了；厌恶不仁的人实行仁德，是不想让不仁的东西加到自己身上。有能一整天都把自己的力量用在实行仁德上的人吗？我没见过力量不够的。这种人可能是有的，但我没见过。"

子贡曰[1]："如有博施于民，而能济众，何如？可谓仁乎？"子曰："何事于仁？必也圣乎！尧、舜其犹病诸[2]！夫仁者，己欲立而立人，己欲达而达人[3]。能近取譬[4]，可谓仁之方也已。"（《论语·雍也》）

注释 [1]子贡：孔子弟子，复姓端木，名赐，字子贡。[2]尧舜：唐尧和虞舜，远古部落联盟的首领，古史传说中的圣明君主。病：难，不易。[3]达：通达。[4]取譬：打比方，寻取比喻。
译文 子贡说："假若有一个人，能广泛地给百姓好处又能周济大众，怎么样？可以算是仁人了吗？"孔子说："何止是仁人，简直是圣人了！就连尧、舜都难做到呢。至于仁人，就是自己想站住脚，就要让别人也站住脚；要想自己事事行得通，就要让别人的事也行得通。凡事能就近以自己作比，而推己及人，可以说就是实行仁的方法了。"

子曰："仁远乎哉？我欲仁，斯仁至矣。"（《论语·述而》）

译文 孔子说："仁离我们很远吗？我想要仁，它就来了。"

颜渊问仁[1]。子曰："克己复礼为仁[2]。一日克己复礼，天下归仁焉。为仁由己，而由人乎哉？"颜渊曰："请问其目。"子曰："非礼勿

视，非礼勿听，非礼勿言，非礼勿动。"颜渊曰："回虽不敏[3]，请事斯语矣！"（《论语·颜渊》）

注释　[1]颜渊：孔子弟子，名回，字子渊。[2]克己复礼：约束自我，使言行合乎先王之礼。孔子推崇西周初的礼仪制度，所以要求"复礼"。[3]不敏：谦辞。等于说不才。

译文　颜渊问怎样才是仁。孔子说："克制自己，一切都照先王的礼去做，这就是仁。一旦这样做了，天下就都归于仁了。实行仁德，全凭自己，难道还凭别人吗？"颜渊说："请问实行仁的条目。"孔子说："不合礼的不看，不合礼的不听，不合礼的不说，不合礼的不做。"颜渊说："我虽然迟钝，也要躬行您的这些话。"

　　仲弓问仁[1]。子曰："出门如见大宾[2]，使民如承大祭[3]。己所不欲，勿施于人。在邦无怨[4]，在家无怨[5]。"仲弓曰："雍虽不敏，请事斯语矣。"（《论语·颜渊》）

注释　[1]仲弓：孔子弟子冉雍，字仲弓。[2]大宾：泛指国宾。[3]大祭：重大祭祀。[4]邦：指诸侯国。[5]家：指卿大夫的封地。

译文　仲弓问怎样才是仁。孔子说："出门工作如同去接待国宾，使唤百姓如同去承办重大的祭祀。自己不想要的，不要强加于别人。在诸侯的朝廷上不对工作有怨恨；在卿大夫的封地也不对工作有怨恨。"仲弓说："我虽然迟钝，也要照您的这些话去做。"

　　樊迟问仁[1]，子曰："爱人。"问知，子曰："知人。"樊迟未达。子曰："举直措诸枉[2]，能使枉者直。"樊迟退，见子夏曰[3]："乡也吾见于夫子而问知[4]，子曰：'举直措诸枉，能使枉者直'，何谓也？"子夏曰："富哉言乎！舜有天下，选于众，举皋陶[5]，不仁者

远矣。汤有天下[6]，选于众，举伊尹[7]，不仁者远矣。"（《论语·颜渊》）

注释 [1] 樊迟：孔子弟子，名须，字子迟。[2] 枉：邪曲，不正直。[3] 子夏：孔子弟子卜商，字子夏。[4] 乡：通"向"，从前；刚才。[5] 皋陶：尧时掌刑法的大臣。[6] 汤：商汤，商朝的开国之君。[7] 伊尹：商朝初著名贤相。

译文 樊迟问什么是仁，孔子说："爱人。"又问什么是智，孔子说："知人。"樊迟还不完全明白。孔子说："选拔正直的人，放到邪曲的人之上，能使邪者归正。"樊迟退出来，见到子夏说："刚才我见到老师，问他什么是智，他说：'选拔正直的人，放到邪曲的人之上，能使邪者归正。'这是什么意思？"子夏说："这话的含义太丰富了！舜掌握了天下，在众人中挑选人才，把皋陶选拔出来，不仁的人就远离了。汤掌握了天下，在众人中挑选人才，把伊尹选拔出来，不仁的人就远离了。"

子曰："刚、毅、木、讷，近仁。"（《论语·子路》）

译文 孔子说："刚强、果敢、朴质、言语谨慎，有这四种品德就接近于仁了。"

子曰："志士仁人，无求生以害仁，有杀身以成仁。"（《论语·卫灵公》）

译文 孔子说："志士仁人，不可贪生怕死而损害仁，只可有牺牲生命来成全仁。"

子贡问为仁。子曰："工欲善其事，必先利其器。居是邦也，事其大夫之贤者[1]，友其士之仁者。"（《论语·卫灵公》）

注释 [1] 大夫：古官职名。周代在国君之下有卿、大夫、士三等；各等中又分上、中、下三级。

译文 子贡问怎样实行仁德。孔子说:"工匠想把活儿做好,必须先使他的工具锋利。住在这个国家,就要奉敬那些大夫中的贤者,与士人中的仁者交朋友。"

子曰:"当仁,不让于师。"(《论语·卫灵公》)

译文 孔子说:"面对着仁,就是对老师也不必谦让。"

子夏曰:"博学而笃志[1],切问而近思[2],仁在其中矣。"(《论语·子张》)

注释 [1]笃志:专心一志,立志不变。[2]近思:思考熟悉常见的问题。

译文 子夏说:"广泛地学习,坚守志向,恳切地求教,多思考眼前常见的问题,仁就在其中了。"

点评 "仁"是孔子思想的核心,包括的内容极其广泛。据《论语》记载,孔子的不少弟子向孔子请教过关于"仁"的问题,而孔子的回答都不一样。这说明在不同场合,针对不同情况,"仁"有不同的具体含义。全面理解"仁"不是一件容易的事,但我们可以从上面所选的这些话语中了解孔子认为的仁德的点点滴滴。例如:孝敬父母、敬重兄长是仁德修养的基础;花言巧语、夸夸其谈、巧言令色都是违背仁德的;为人要举止仪容庄重,待人宽厚、诚实,工作勤勉;对于人人希望得到的富有、尊贵,要通过正当的途径去获取,否则宁愿清贫也不能失去操守;等等。这些观点在今天仍然有着积极意义。孔子还认为仁德是比生命更可贵的,在生死关头,宁可舍弃自己的生命也要保全仁德。自古以来,这种精神追求激励了许多仁人志士为国家和民族的生存、富强,为了所有正义的事业,抛头颅洒热血。这种可歌可泣的精神可以从传统思想文化中找到根源。

论道德修养

曾子曰[1]:"吾日三省吾身:为人谋而不忠乎?与朋友交而不信乎?传不习乎?"(《论语·学而》)

注释 [1] 曾子:孔子弟子曾参,字子舆。
译文 曾子说:"我每天多次反省自己:为别人办事是不是尽心竭力了呢?与朋友交往是不是诚实呢?老师传授给我的学业是不是复习了呢?"

子曰:"视其所以[1],观其所由[2],察其所安[3],人焉廋哉[4]?人焉廋哉?"(《论语·为政》)

注释 [1] 以:与,交往。[2] 由:从,自。[3] 安:安心。[4] 焉:哪里,何处。廋:隐藏。
译文 孔子说:"看一个人交什么样的朋友,看他为达到一定目的采用什么样的方法,看他安心于什么,不安心于什么,这样,这个人怎能隐藏得了呢?这个人怎能隐藏得了呢?"

子曰:"放于利而行[1],多怨。"(《论语·里仁》)

注释 [1] 放:仿,依照。
译文 孔子说:"依据个人利益去做事,会招致很多的怨恨。"

子曰:"不患无位,患所以立。不患莫己知,求为可知也。"(《论语·里仁》)

译文 孔子说:"不愁没有官位,只愁没有赖以站得住脚的本领。不愁没有人知道自己,去追求能使别人知道的本领好了。"

子曰:"朝闻道,夕死可矣。"(《论语·里仁》)

译文 孔子说:"早晨得知了道,就是当晚死去也心甘。"

子曰:"德不孤,必有邻。"(《论语·里仁》)

译文 孔子说:"有道德的人不会孤单,一定会有思想一致的人来做他的伙伴。"

子曰:"已矣乎!吾未见能见其过而内自讼者也[1]。"(《论语·公冶长》)

注释 [1]讼:责备。

译文 孔子说:"算了吧!我还没有见过能看到自己的错误而又能从内心自责的人。"

子贡问友。子曰:"忠告而善道之[1],不可则止,毋自辱焉。"(《论语·颜渊》)

注释 [1]道:同"导"。

译文 子贡问怎样对待朋友。孔子说:"忠诚地劝告他,恰当地引导他,如果不听就罢了,不要自取其辱。"

子贡问曰:"乡人皆好之,何如?"子曰:"未可也。"

"乡人皆恶之,何如?"子曰:"未可也。不如乡人之善者好之,

其不善者恶之。"（《论语·子路》）

译文　子贡问孔子说："全乡人都喜欢他，这个人怎么样？"孔子说："这还不行。"子贡又问："全乡人都憎恶他，这个人怎么样？"孔子说："这也不行。最好是全乡的好人都喜欢他，全乡的坏人都憎恶他。"

或曰："以德报怨，何如？"子曰："何以报德？以直报怨，以德报德。"（《论语·宪问》）

译文　有人说："用恩德来回报怨恨，怎么样？"孔子说："那用什么来回报恩德呢？应该是用正直来回报怨恨，用恩德来回报恩德。"

子曰："可与言，而不与之言，失人[1]；不可与言，而与之言，失言[2]。知者不失人，亦不失言。"（《论语·卫灵公》）

注释　[1]失人：错过人才。[2]失言：说了不该说的话。
译文　孔子说："可以与他交谈，却没与他谈，这就错过了人才；不可以与他交谈，却与他谈了，这就是说错了话。智者既不错过人才，也不说错话。"

子曰："躬自厚而薄责于人[1]，则远怨矣。"（《论语·卫灵公》）

注释　[1]厚：指厚责，因下文有"薄责"而省略了一个"责"字。
译文　孔子说："多责备自己而少责备别人，怨恨就会远离自己了。"

子曰："巧言乱德，小不忍则乱大谋。"（《论语·卫灵公》）

译文　孔子说："花言巧语会败坏人的德行，小事不能忍耐，就会败坏大事情。"

子曰:"过而不改,是谓过矣!"(《论语·卫灵公》)

译文 孔子说:"错了却不改正,这才真叫错了!"

子曰:"群居终日,言不及义,好行小慧,难矣哉!"(《论语·卫灵公》)

译文 孔子说:"整天聚在一块,说的话都和道义不沾边,专好卖弄小聪明,这种人真难教导。"

子贡问曰:"有一言而可以终身行之者乎?"子曰:"其'恕'乎!己所不欲,勿施于人。"(《论语·卫灵公》)

译文 子贡问道:"有没有一个字可以终身奉行的呢?"孔子回答说:"那就是'恕'吧!自己不想要的,不要强加给别人。"

孔子曰:"益者三友,损者三友。友直,友谅,友多闻,益矣;友便辟,友善柔,友便佞,损矣。"(《论语·季氏》)

译文 孔子说:"有益的朋友有三种,有害的朋友有三种。与正直的人交友,与诚信的人交友,与见多识广的人交友,就有益。与谄媚逢迎的人交友,与阿谀奉承的人交友,与花言巧语的人交友,就有害。"

子曰:"乡愿[1],德之贼也。"(《论语·阳货》)

注释 [1] 乡愿:指乡中貌似谨厚而实与流俗合污的伪善者。

译文 孔子说:"没有是非的好好先生,是破坏道德的人。"

子曰:"道听而途说,德之弃也。"(《论语·阳货》)

译文 孔子说:"在路上听到传言就去四处传播,这是道德所唾弃的。"

点评 上面这些话可以帮助我们了解孔子对道德修养有哪些要求:把努力学习、勤奋工作,作为让别人了解自己的正当途径;注意学习别人的长处,见到别人的缺点要检讨、反省自己,有了错误要及时改正;要讲诚信,说到做到,不要轻诺寡信;要注意观察了解周围的人,结交有益的朋友;对人要讲"恕"道,自己不喜欢、不想要的事不要强加给别人;力戒花言巧语、阿谀逢迎,自己不这样,也不和这样的人交朋友;等等。如果我们从现在就注意这些方面的人格修养,那就一定会成为一个道德高尚的正人君子。

论君子

子曰:"君子食无求饱,居无求安,敏于事而慎于言,就有道而正焉,可谓好学也已。"(《论语·学而》)

译文 孔子说:"君子,饮食不求饱足,居住不要求舒适,工作勤敏而说话谨慎,到有道的人那里去匡正自己,这就可以说是好学了。"

子曰:"君子周而不比,小人比而不周。"(《论语·为政》)

译文 孔子说:"君子与人团结而不勾结,小人与人勾结而不团结。"

子曰:"君子无所争。必也射乎。揖让而升,下而饮,其争也君子。"(《论语·八佾》)

译文　孔子说:"君子没有什么可与别人争的事情。如果有的话,那就是射箭比赛了。比赛前,先作揖谦让,然后登堂。射完后,走下堂来,作揖喝酒。他们的竞赛也有君子之风。"

子曰:"君子之于天下也,无适也,无莫也[1],义之与比[2]。"(《论语·里仁》)

注释　[1]适(dí)、莫:指用情的亲疏厚薄。[2]义之与比:和义在一起。比,靠近,挨着。

译文　孔子说:"君子对于天下的人和事,没有固定的厚薄亲疏,只是怎样合乎道义就怎样做。"

子曰:"君子喻于义,小人喻于利。"(《论语·里仁》)

译文　孔子说:"君子懂得的是道义,小人懂得的是利益。"

子曰:"君子欲讷于言而敏于行。"(《论语·里仁》)

译文　孔子说:"君子追求的是说话迟钝谨慎,而行动要勤勉敏捷。"

子曰:"质胜文则野[1],文胜质则史,文质彬彬,然后君子。"(《论语·雍也》)

注释　[1]文、质:文华、质朴。

译文　孔子说:"质朴多于文采,就显得粗野;文采多于质朴,就流于虚浮。只有质朴和文采配合恰当,才是个君子。"

宰我问曰[1]:"仁者虽告之曰'井有仁焉',其从之也?"子曰:

"何为其然也？君子可逝也，不可陷也；可欺也，不可罔也。"（《论语·雍也》）

注释　[1] 宰我：宰予，字子我，孔子弟子。
译文　宰我问道："有仁德的人，如果别人告诉他'井里掉下去一位仁人'，他会跟着下去吗？"孔子说："为什么要这样做呢？君子可以被摧折，但不可以被陷害；君子可以被骗，但不可以被愚弄。"

　　子曰："岁寒，然后知松柏之后凋也。"（《论语·子罕》）

译文　孔子说："天冷了，这才知道松树柏树是最后落叶的。"

　　司马牛问君子[1]。子曰："君子不忧不惧。"曰："不忧不惧，斯谓之君子已乎？"子曰："内省不疚，夫何忧何惧？"（《论语·颜渊》）

注释　[1] 司马牛：司马耕，字子牛，孔子弟子。
译文　司马牛问怎样算是君子。孔子说："君子不担忧不害怕。"司马牛说："不担忧不害怕，这样就可以叫作君子了吗？"孔子说："反省自己，内心没有愧疚，那还有什么可担忧害怕的呢？"

　　司马牛忧曰："人皆有兄弟，我独亡[1]。"子夏曰："商闻之矣，死生有命，富贵在天。君子敬而无失，与人恭而有礼，四海之内，皆兄弟也。君子何患乎无兄弟也？"（《论语·颜渊》）

注释　[1] 亡：通"无"。
译文　司马牛忧愁地说："别人都有兄弟，唯独我没有。"子夏说："我听说过：

'死生有命，富贵在天。'君子敬业而没有过失，对人恭敬而合乎礼节，天下人就都是好兄弟了。君子何愁没有兄弟呢？"

子曰："君子成人之美，不成人之恶。小人反是。"（《论语·颜渊》）

译文 孔子说："君子成全别人的好事，而不促成别人的坏事。小人则与此相反。"

子曰："君子易事而难说也[1]。说之不以道，不说也；及其使人也，器之。小人难事而易说也。说之虽不以道，说也；及其使人也，求备焉[2]。"（《论语·子路》）

注释 [1] 说：同"悦"，下同。[2] 求备：要求尽善尽美。
译文 孔子说："为君子工作很容易，但很难讨他欢喜。不用正当的方法讨他喜欢，他是不会喜欢的。到他用人的时候，会根据德才分配任务。为小人工作很难，但要讨他欢喜却容易。用不正当的方法讨他的喜欢，他也会欢喜。到他用人的时候，却百般挑剔，求全责备。"

子曰："君子泰而不骄；小人骄而不泰。"（《论语·子路》）

译文 孔子说："君子安详坦然却不傲慢骄横；小人傲慢骄横却不安详坦然。"

在陈绝粮[1]，从者病，莫能兴。子路愠见曰[2]："君子亦有穷乎[3]？"子曰："君子固穷，小人穷斯滥矣。"（《论语·卫灵公》）

注释 [1] 陈：春秋诸侯国名，在今河南淮阳及安徽亳州一带。[2] 子路：仲由，字子路，一字季路，孔子弟子。[3] 穷：困窘，窘急。

译文 孔子等人在陈国断了粮食，跟随的人都饿得厉害，爬不起床了。子路很不高兴地来见孔子，说："君子也有处境窘迫的时候吗？"孔子说："君子在困窘中还能坚守信念，小人一遇困窘就无所不为了。"

子曰："君子病无能焉，不病人之不己知也。"（《论语·卫灵公》）

译文 孔子说："君子只怨恨自己没有才能，不怨恨别人不知道自己。"

子曰："君子疾没世而名不称焉。"（《论语·卫灵公》）

译文 孔子说："君子遗憾的是死了以后他的名声不为人们所称颂。"

子曰："君子不以言举人，不以人废言。"（《论语·卫灵公》）

译文 孔子说："君子不因为一个人说的话好就举荐他，也不因为一个人不好就不采纳他的好话。"

孔子曰："君子有三戒：少之时，血气未定，戒之在色；及其壮也，血气方刚，戒之在斗；及其老也，血气既衰，戒之在得。"（《论语·季氏》）

译文 孔子说："君子有三种事应引以为戒：年轻时，血气未定，要警戒，别贪恋女色；到了壮年，血气正旺，要警戒，别争强好胜与人争斗；等到老年，血气已经衰弱了，要警戒，别贪得无厌。"

子贡曰:"君子亦有恶乎?"子曰:"有恶。恶称人之恶者,恶居下流而讪上者[1],恶勇而无礼者,恶果敢而窒者[2]。"曰:"赐也亦有恶乎?""恶徼以为知者[3],恶不孙以为勇者[4],恶讦以为直者[5]。"(《论语·阳货》)

注释 [1]流:衍文。[2]窒:通"恎",乖戾,执拗。[3]徼:抄袭。[4]孙:通"逊"。[5]讦(jié):揭发、攻击他人的隐私、过错或短处。

译文 子贡说:"君子也有憎恶的事吗?"孔子说:"有憎恶的事。憎恶宣扬别人缺点的人,憎恶身居下位而诽谤上级的人,憎恶勇悍而不懂礼节的人,憎恶果决勇敢地坚持自己的主张却顽固执拗的人。"孔子又说:"赐,你也有憎恶的事吗?"子贡回答:"我憎恶抄袭别人来显示自己聪明的人,憎恶把不谦逊当作勇敢的人,憎恶把揭发别人的隐私当作直率的人。"

子贡曰:"君子之过也,如日月之食焉。过也,人皆见之;更也,人皆仰之。"(《论语·子张》)

译文 子贡说:"君子的过错就好比日食月食。他犯错的时候,人人都看得见;他改正的时候,人人都仰望着。"

点评 "君子"一词经常和"小人"相对,在古代,这一组词主要有两方面的含义。一方面,是着眼于人的政治地位而言的,"君子"指贵族,而"小人"指平民百姓;另一方面,是着眼于人的德行才能来说的,"君子"指德才高的人,"小人"指德才低的人。上面所选的这些论述,基本上用的是第二方面的含义,而且更偏重于德行修养。我们可以对照这些论述,加强自身修养,使自己成为一名正人君子。

论 义

子曰:"非其鬼而祭之,谄也。见义不为,无勇也。"(《论语·为政》)

译文 孔子说:"不是你该祭的鬼神,你去祭它,这是谄媚。见到该挺身而出的事情,却袖手旁观,就是怯懦。"

子曰:"德之不修,学之不讲,闻义不能徙[1],不善不能改,是吾忧也。"(《论语·述而》)

注释 [1] 徙:改变思想,教化。
译文 孔子说:"品德不培养,学问不讲求,听到义却不能改变自己的思想,有缺点不能改正,这些都是我所忧虑的事情。"

子曰:"饭疏食饮水,曲肱而枕之,乐亦在其中矣。不义而富且贵,于我如浮云。"(《论语·述而》)

译文 孔子说:"吃粗粮,喝凉水,弯着胳膊枕在上面,乐趣也就在这中间了。用不正当的手段得来的富贵,对于我来说就像浮云。"

子曰:"主忠信,徙义,崇德也。爱之欲其生,恶之欲其死。既欲其生,又欲其死,是惑也。"(《论语·颜渊》)

译文 孔子说:"以忠信为主,使自己的思想趋向义,这就是崇德。爱一个人,就希望他长寿,厌恶起来又恨不得他立刻死去,既要他活,又要他死,这就是迷惑。"

子路问成人。子曰:"若臧武仲之知[1],公绰之不欲[2],卞庄子之勇[3],冉求之艺[4],文之以礼乐,亦可以为成人矣。"曰:"今之成人者何必然?见利思义,见危授命,久要不忘平生之言,亦可以为成人矣。"(《论语·宪问》)

注释 [1]臧武仲:春秋时期鲁大夫。[2]公绰:孟公绰,春秋时期人。[3]卞庄子:春秋时鲁国著名勇士。[4]冉求:字子有,孔子弟子。

译文 子路问怎样才是完美的人。孔子说:"如果有臧武仲的智慧,孟公绰的清心寡欲,卞庄子的勇敢,冉求的多才多艺,再用礼乐加以修饰,也就可以算是一个完人了。"孔子又说:"现在的完人何必一定要这样呢?见到财利就能想到该不该拿,遇到危难能献出生命,长久处于穷困还不忘平日的诺言,这样也可以成为一位完美的人了。"

子问公叔文子于公明贾曰[1]:"信乎?夫子不言、不笑、不取乎?"公明贾对曰:"以告者过也。夫子时然后言,人不厌其言;乐然后笑,人不厌其笑;义然后取,人不厌其取。"子曰:"其然?岂其然乎?"(《论语·宪问》)

注释 [1]公叔文子:卫国大夫。公明贾:春秋时卫国人。

译文 孔子向公明贾打听公叔文子,说:"真的吗?先生他不说、不笑、不取吗?"公明贾回答道:"这是传话的人说错了。先生他到该说时才说,别人不厌恶他说话;高兴了才笑,别人不厌恶他笑;该取他才取,别人不厌恶他取。"孔子说:"是这样啊,难道真是这样吗?"

子曰:"君子义以为质,礼以行之,孙以出之,信以成之。君子

哉！"（《论语·卫灵公》）

译文 孔子说："君子以义作为主体，用礼来推行它，用谦逊的语言表达出来，用诚实的态度来完成。这就是君子了。"

孔子曰："君子有九思，视思明，听思聪，色思温，貌思恭，言思忠，事思敬，疑思问，忿思难，见得思义。"（《论语·季氏》）

译文 孔子说："君子有九种事要考虑：看的时候，考虑是否看清了；听的时候，考虑是否听清了；脸色，要考虑是否温和；态度，要考虑是否谦恭；言谈，要考虑是否忠诚；办事，要考虑是否谨慎严肃；有疑问，要考虑怎样向别人请教；愤怒时，要考虑是否有后患；获取财利时，要思考是否合乎道义。"

孔子曰："见善如不及，见不善如探汤。吾见其人矣，吾闻其语矣。隐居以求其志，行义以达其道。吾闻其语矣，未见其人也。"（《论语·季氏》）

译文 孔子说："看到善良，就努力追求，唯恐达不到；看到邪恶，就像把手伸到开水中一样，赶快避开。我见到过这样的人，也听到过这样的话。以避世隐居来保全自己的志向，依照义而贯彻自己的主张，我听到过这种话，却没有见到过这样的人。"

子路曰："君子尚勇乎？"子曰："君子义以为上。君子有勇而无义为乱，小人有勇而无义为盗。"（《论语·阳货》）

译文 子路说："君子崇尚勇敢吗？"孔子答道："君子以义为最高尚，君子只有勇没有义就会作乱，小人只没有勇义就会做盗匪。"

子路曰："不仕无义。长幼之节，不可废也；君臣之义，如之何其废之？欲洁其身，而乱大伦。君子之仕也，行其义也。道之不行，已知之矣。"（《论语·微子》）

译文 子路说："不做官是不合道义的。长幼间的关系都不可废弃；君臣间的关系怎么能废弃呢？（隐居是）想要自身清白，却扰乱根本的君臣伦理关系。君子做官，只是为了道义的。至于我们的主张行不通，这早就知道了。"

子张曰："士见危致命[1]，见得思义，祭思敬，丧思哀，其可已矣。"（《论语·子张》）

注释 [1] 士：智者、贤者。泛指读书人，知识阶层。

译文 子张说："士人遇见危难能献出生命，看见有利可得时能考虑是否该得，祭祀时能考虑到严肃恭敬，居丧的时候能考虑到哀伤，这样就可以了。"

点评 在上面这些话中，多次提到"见得思义""见利思义""义然后取"，可见孔子很重视在面临利益时"义"的作用。在面临其他事时，"义"也常是决定君子行为的标准：符合义的就做，"见义不为"就是"无勇"；不符合义的就不能做，"君子有勇而无义为乱，小人有勇而无义为盗"。可见"勇"这种品质必须在"义"的限制之下，不义而勇，还不如无勇。

论政治

子曰："道千乘之国，敬事而信，节用而爱人，使民以时。"（《论语·学而》）

译文 孔子说："治理一个拥有一千辆兵车的国家，就要严谨认真地办事而又诚信无欺，节约开支而又爱护百姓，役使百姓要在农闲的时候。"

子曰："为政以德，譬如北辰，居其所，而众星共之。"（《论语·为政》）

译文 孔子说："以道德来治理政事，自己就会像北极星那样，处在一定的位置上，群星都会环绕着它。"

子曰："道之以政，齐之以刑，民免而无耻；导之以德，齐之以礼，有耻且格。"（《论语·为政》）

译文 孔子说："用政法去引导百姓，用刑罚来约束他们，老百姓只是求得免于犯罪受惩，却没有廉耻之心；用道德引导百姓，使用礼教来约束他们，百姓不仅会有羞耻之心，而且人心也就归服了。"

子曰："不在其位，不谋其政。"（《论语·泰伯》）

译文 孔子说："不在那个职位上，就不考虑它的政务。"

子贡问政。子曰："足食，足兵，民信之矣。"子贡曰："必不得已而去，于斯三者何先？"曰："去兵。"子贡曰："必不得已而去，于斯二者何先？"曰："去食。自古皆有死，民无信不立。"（《论语·颜渊》）

译文 子贡问怎样治理政事。孔子说："让粮食充足，军备充足，老百姓信任当政者。"子贡说："如果迫不得已要去掉一项，在这三项中先去掉哪一项呢？"孔子说："去掉军备。"子贡说："如果迫不得已要再去掉一项，那么在剩下的两项中去掉哪一项呢？"孔子说："去掉粮食。自古以来人总是要死的，如果老百姓对当政者不信任，那么国家是站不住脚的。"

齐景公问政于孔子[1]。孔子对曰："君君，臣臣，父父，子子。"公曰："善哉！信如君不君，臣不臣，父不父，子不子，虽有粟，吾得而食诸？"（《论语·颜渊》）

注释 [1] 齐景公：名杵臼，春秋时齐国君主。
译文 齐景公问孔子如何治理国家。孔子说："君主要像君主，臣下要像臣下，父亲要像父亲，儿子要像儿子。"齐景公说："说得好呀！如果君不像君，臣不像臣，父不像父，子不像子，纵然有粮食，我能吃得上吗？"

季康子问政于孔子曰[1]："如杀无道，以就有道，何如？"孔子对曰："子为政，焉用杀？子欲善而民善矣。君子之德，风；小人之德，草，草上之风，必偃。"（《论语·颜渊》）

注释 [1] 季康子：鲁国正卿。
译文 季康子问孔子如何治理政事，说："如果杀掉坏人来亲近好人，怎么样？"孔子说："您治理政事，哪里用得着杀人呢？您想做好事，老百姓也会跟着好起来。在位者的品行就像风，老百姓的品行就像草，风往哪边吹，草就必定向哪边倒。"

子路问政。子曰："先之，劳之。"请益。子曰："无倦。"（《论语·子路》）

译文 子路问怎样管理政事。孔子说："做事给百姓带头，让老百姓勤劳。"子路请求多讲一点。孔子说："不要懈怠。"

仲弓为季氏宰[1]，问政。子曰："先有司，赦小过，举贤才。"曰："焉知贤才而举之？"曰："举尔所知。尔所不知，人其舍诸？"（《论语·子路》）

注释 [1]仲弓：孔子弟子冉雍，字仲弓。季氏：鲁国大夫。宰：为贵族掌管家务的奴隶或奴隶总管。

译文 仲弓做了季氏的总管，问怎样管理政事。孔子说："给负责具体事务的人员带头，不计较别人的小过错，提拔贤才。"仲弓又问："怎样知道谁是贤才而把他提拔起来呢？"孔子说："提拔你知道的。那些你不知道的，别人难道还会埋没他们吗？"

子路曰："卫君待子而为政，子将奚先？"子曰："必也正名乎。"子路曰："有是哉，子之迂也。奚其正？"子曰："野哉，由也。君子于其所不知，盖阙如也。名不正，则言不顺；言不顺，则事不成；事不成，则礼乐不兴；礼乐不兴，则刑罚不中；刑罚不中，则民无所措手足。故君子名之必可言也，言之必可行也。君子于其言，无所苟而已矣。"（《论语·子路》）

译文 子路(对孔子)说："卫国国君等着您去治理国家，您打算先干什么事？"孔子说："那一定是纠正名分。"子路说："您的迂腐竟然这么厉害吗？名分有什么可纠正的呢？"孔子说："仲由，你真鲁莽啊。君子对于他所不懂的事情，大概应取存疑的态度。名分不正，说起话来就不顺理成章；说话不顺理成章，事情就办不成；事情办不成，礼乐制度就不能兴盛；礼乐制度不兴盛，刑罚就不会得当；刑罚不得当，百姓就连手脚都不知道该往哪里放。所以，君子要定下一个名称，必须能够说得顺理成章，而顺理成章的话一定要能够行得通。君子对于名分的措辞，一定不能有马虎的地方。"

子适卫，冉有仆。子曰："庶矣哉。"冉有曰："既庶矣，又何加焉？"曰："富之。"曰："既富矣，又何加焉？"曰："教之。"（《论语·子路》）

译文　孔子到卫国去，冉有为他驾车。孔子说："人口真多呀！"冉有问："人口多了，还要再做什么呢？"孔子说："使他们富起来。"冉有说："富了以后又该做什么？"孔子说："教育他们。"

子夏为莒父[1]宰，问政。子曰："无欲速，无见小利，欲速则不达，见小利则大事不成。"（《论语·子路》）

注释　[1] 莒父：鲁国的一个城邑，在今山东莒县境内。
译文　子夏做了莒父的地方官，问孔子怎样办理政事。孔子说："不要图快，不要贪求小利。图快反而达不到目的，贪小利就办不成大事。"

叶公问政[1]。子曰："近者说[2]，远者来。"（《论语·子路》）

注释　[1] 叶公：春秋末楚国贵族，曾任楚相国。[2] 说：通"悦"。
译文　叶公问孔子怎样管理政事。孔子说："近处的人使他们高兴，远处的人使他们来归附。"

子之武城[1]，闻弦歌之声。夫子莞尔而笑曰："割鸡焉用牛刀。"子游对曰[2]："昔者偃也闻诸夫子曰：'君子学道则爱人，小人学道则易使也。'"子曰："二三子，偃之言是也。前言戏之耳。"（《论语·阳货》）

注释 [1]武城:春秋时鲁国城邑。[2]子游:孔子弟子言偃,字子游,当时在武城做地方官。

译文 孔子到武城,听见弹琴唱诗歌的声音。孔子微笑着说:"杀鸡,何必用宰牛的刀呢?"子游回答说:"以前我听先生说过,'当官的学习了礼乐就有仁爱之心,老百姓学习了礼乐就容易指使。'"孔子对弟子们说:"你们几位,言偃的话是对的。我刚才说的话,只是与他开个玩笑而已。"

子夏曰:"君子信而后劳其民,未信,则以为厉己也。信而后谏,未信,则以为谤己也。"(《论语·子张》)

译文 子夏说:"君子要在取得信任以后才去役使百姓,否则百姓就会以为你是在虐待他们。要先取得信任然后才去进谏,否则,君主就会以为你在毁谤他。"

论古人

子曰:"伯夷叔齐[1],不念旧恶,怨是用希。"(《论语·公冶长》)

注释 [1]伯夷叔齐:商末孤竹君的两个儿子。相传其父遗命要立次子叔齐为继承人。叔齐让位给伯夷,伯夷不受,叔齐也不愿登位,先后都逃到周国。武王灭商后,他们耻食周粟,采薇而食,饿死于首阳山。

译文 孔子说:"伯夷、叔齐兄弟两个人不记念人家过去的仇恨,别人对他们的怨恨因此也就少了。"

子曰:"巍巍乎,舜禹之有天下也[1],而不与焉[2]。"(《论语·泰

伯》）

注释　[1]舜：传说中我国上古时期的贤明首领，受尧禅让即位，后禅位于禹。禹：古代部落联盟的领袖，曾主持治理洪水，发展农业。后被选为舜的继承人，舜死后即位，建立夏代。[2]与：参与其中。

译文　孔子说："多么崇高啊！舜和禹得到了天下，却不自己享受。"

子曰："大哉，尧之为君也。巍巍乎，唯天为大，唯尧则之。荡荡乎，民无能名焉。巍巍乎，其有成功也，焕乎，其有文章[1]！"（《论语·泰伯》）

注释　[1]文章：礼乐制度。

译文　孔子说："尧做天子真是伟大！多么崇高啊！只有天最伟大，只有尧能效法它。他的圣德宽广博大，老百姓找不到恰当的词语赞美他。他的功绩多么崇高，他制定的礼仪制度焕发着光辉！"

子曰："禹，吾无间然矣。菲饮食而致孝乎鬼神，恶衣服而致美乎黻冕[1]，卑宫室而尽力乎沟洫。禹，吾无间然矣！"（《论语·泰伯》）

注释　[1]黻冕：古代祭祀时穿的礼服。

译文　孔子说："对于禹，我没有什么可挑剔的了。他的饮食很简单却把祭品办得很丰盛；他的衣服很简朴，却把祭服做得很华美；他住的宫室很低矮，而尽力兴修水利。对于禹，我没有什么可挑剔的了。"

子曰："晋文公谲而不正[1]，齐桓公正而不谲[2]。"（《论语·宪问》）

注释 [1]晋文公：名重耳，春秋时晋国国君，春秋五霸中的第二位主持诸侯联盟的盟主。[2]齐桓公：名小白，春秋时齐国国君，春秋五霸中的第一位主持诸侯联盟的盟主。

译文 孔子说："晋文公诡诈而不正派，齐桓公正派而不诡诈。"

子路曰："桓公杀公子纠[1]，召忽死之[2]，管仲不死。"曰："未仁乎？"子曰："桓公九合诸侯，不以兵车，管仲之力也。如其仁，如其仁！"（《论语·宪问》）

注释 [1]公子纠：春秋时齐襄公之弟，齐桓公之兄，其母为鲁女。齐国内乱，襄公被杀，鲁派兵护送公子纠返齐争位，而公子小白已先回齐即位，即为齐桓公。桓公即位后，威胁鲁国，鲁国人只好处死了公子纠，把侍奉公子纠的管仲押送回齐国。后齐桓公任命管仲为相。[2]召忽：春秋时齐国人，原先与管仲共同侍奉公子纠，公子纠死，他自杀殉主。

译文 子路说："齐桓公杀了公子纠，召忽因此自杀，但管仲却活着。"又说："管仲不能算有仁德了吧？"孔子说："桓公多次主持各诸侯国的盟会，制止了战争，都是管仲的力量啊。这就是他的仁德，这就是他的仁德。"

子贡曰："管仲非仁者与？桓公杀公子纠，不能死，又相之。"子曰："管仲相桓公，霸诸侯，一匡天下，民到于今受其赐。微管仲，吾其被发左衽矣[1]。岂若匹夫匹妇之为谅也[2]，自经于沟渎，而莫之知也。"（《论语·宪问》）

注释 [1]被发左衽：头发披散不束，衣襟向左掩。古代指中原地区以外少数民族的装束，也借指中原地区的人受少数民族统治。[2]谅：诚信，此指固守小节而不知变通。

译文 子贡问："管仲不能算仁人吧？桓公杀了公子纠，他不但不殉难，反而做了齐桓公的相国。"孔子说:"管仲辅佐桓公,称霸诸侯,匡正了天下,老百姓到今天还享受着他的好处。假如没有管仲,恐怕我们都要披散着头发,衣襟左掩,沦为落后民族了。他难道能像普通百姓那样死守小节,在山沟里自杀而不被人知道吗?"

点评 孔子、孟子对今天的我们来说是古人,而尧、舜、禹和齐桓公、晋文公等对孔子(更不用说孟子了)来说也是古人。今人会评价历史人物,孔子、孟子也会评价历史人物。看看他们对历史人物的评价,一方面可以更全面地了解被他们评价的那些人物,另一方面也可以借此更全面地了解孔孟。

论 礼

子贡曰:"贫而无谄,富而无骄,何如?"子曰:"可也。未若贫而乐,富而好礼者也。"(《论语·学而》)

译文 子贡说:"自身贫穷却不做谄媚的事,自身富有却不表现出骄傲自大,怎么样呢?"孔子说:"也行。但不如贫穷却能保持乐观、快乐,富有却还重视、遵守礼制。"

有子曰:"礼之用,和为贵。先王之道[1],斯为美,小大由之。有所不行,知和而和,不以礼节之[2],亦不可行也。"(《论语·学而》)

注释 [1] 先王:指周文王等古代帝王。[2] 节:节制,约束。
译文 有子说:"在礼的运用中,做到和谐是最可贵的。古代帝王的治国之道,最可贵的地方就在这里,小事、大事都根据和谐的原则来安排进行。也有不能够实行的时候,如果只是为了和谐而行事,却不用礼来加以节制,也是不能够实行的。"

有子曰："信近于义，言可复也[1]。恭近于礼，远耻辱也。因不失其亲[2]，亦可宗也[3]。"（《论语·学而》）

注释　[1]复：实行，履行。[2]因：依靠。[3]宗：可靠。
译文　有子说："讲信用要合乎义，说出的话才能够去履行。讲恭敬要符合礼，才能远离耻辱。所依靠的是自己的亲族，也就可靠了。"

子曰："人而不仁，如礼何？人而不仁，如乐何？"（《论语·八佾》）

译文　孔子说："身为一个人却没有仁德，如何来对待礼呢？身为一个人却没有仁德，怎么来对待乐呢？"

林放问礼之本[1]。子曰："大哉问！礼，与其奢也，宁俭；丧，与其易也[2]，宁戚[3]。"（《论语·八佾》）

注释　[1]林放：鲁国人。[2]易：铺张。[3]戚：内心悲伤。
译文　林放询问礼的根本。孔子说："这是意义重大的问题！礼仪，与其奢侈，宁可节俭；丧礼，与其铺张，宁可做到内心真正悲伤。"

子曰："夏礼，吾能言之，杞不足征也[1]；殷礼，吾能言之，宋不足征也。文献不足故也。足，则吾能征之矣。"（《论语·八佾》）

注释　[1]杞（qǐ）：古国名。
译文　孔子说："夏代之礼，我能说，可是杞国不足以做证明。殷代之礼，我能说，可是宋国不足以做证明。这是文字资料和熟悉礼的贤人不够的缘故。

要是足够的话，我就能用他们来做论证了。"

子入太庙，每事问。或曰："孰谓邹人之子知礼乎[1]？入太庙，每事问。"子闻之，曰："是礼也！"（《论语·八佾》）

注释 [1] 邹人之子：指孔子，因孔子父亲在邹地当过官。
译文 孔子进入太庙，对每件事情都会发问。有人说："谁说邹县当官那个人的儿子懂得礼呀？他进入太庙后，每件事情都要问别人。"孔子听说之后说："这就是礼。"

子曰："事君尽礼，人以为谄也。"（《论语·八佾》）

译文 孔子说："侍奉国君时完全按照礼制，别人却认为是谄媚。"

定公问[1]："君使臣，臣事君，如之何？"孔子对曰："君使臣以礼，臣事君以忠。"（《论语·八佾》）

注释 [1] 定公：鲁国君主，姓姬，名宋。
译文 定公询问："君主任用群臣，群臣侍奉君主，各自该怎么样呢？"孔子回答道："君主根据礼来任用群臣，群臣根据忠来侍奉君主。"

子曰："能以礼让为国乎，何有？不能以礼让为国乎，如礼何？"（《论语·里仁》）

译文 孔子说："若能根据礼制和谦让的原则来治理国家，还会有什么困难呢？如果不能根据礼让的原则来治国，拿礼制怎么办呢？"

子曰:"以约失之者,鲜矣。"(《论语·里仁》)

译文 孔子说:"因约束自身而犯过错的人是少有的。"

子曰:"兴于诗,立于礼,成于乐。"(《论语·泰伯》)

译文 孔子说:"用诗篇来启发人,用礼制来建立人做事的规范,用音乐来完成人的素养。"

子曰:"恭而无礼则劳,慎而无礼则葸[1],勇而无礼则乱,直而无礼则绞[2]。君子笃于亲,则民兴于仁,故旧不遗,则民不偷[3]。"(《论语·泰伯》)

注释 [1]葸(xǐ):畏缩。[2]绞:说话伤人。[3]不偷:不薄,厚道。
译文 孔子说:"恭敬而不符合礼就会疲劳,谨慎而不符合礼就会畏缩,勇敢而不符合礼就会违法乱纪,直率而不符合礼就会出口伤人。君子厚待自己的亲族,那么民众就会培养仁德;君子不遗弃过去相识的友人,那么民众就不会冷漠,变得厚道。"

子曰:"先进于礼乐,野人也。后进于礼乐,君子也。如用之,则吾从先进。"(《论语·先进》)

译文 孔子说:"首先采用礼乐制度的人,是俗人。后来采用礼乐制度的人,是君子。如果启用他们,那我就跟随先采用礼乐制度的人。"

子曰:"非礼勿视,非礼勿听,非礼勿言,非礼勿动。"(《论语·颜渊》)

译文 孔子说:"不符合礼的事不看,不符合礼的话不听,不符合礼的话不说,不符合礼的事不做。"

子曰:"博学于文,约之以礼,亦可以弗畔矣夫[1]。"(《论语·颜渊》)

注释 [1]畔:同"叛",背叛,违背。

译文 孔子说:"君子广博地学习文献典籍,用礼来约束自己,这样也就可以不至于离经叛道了。"

子曰:"不学礼,无以立。"(《论语·季氏》)

译文 孔子说:"不学习礼制,不能够自立。"

子曰:"礼云礼云,玉帛云乎哉?乐云乐云,钟鼓云乎哉?"(《论语·阳货》)

译文 孔子说:"礼呀礼呀,只是说的是玉帛吗?乐呀乐呀,只是说的是钟鼓吗?"

点评 礼是儒家思想的核心内容之一,从孔子及弟子的论说中,我们可以了解到他们对礼的重视乃至推崇。他们所说的礼不仅仅是指礼仪制度这些,更为关键的是指内心的恪守。礼的重要性体现在方方面面,对修身治国都有重要作用。对于个人而言,"不学礼,无以立",并且要"约之以礼"。将礼运用到政治领域,就要"以礼让为国""齐之以礼""事君尽礼"。而对于礼的运用就要"和为贵",并且"礼"往往和仁义乐联系在一起,共同发挥作用。

论 智

子曰:"里仁为美[1]。择不处仁,焉得知[2]?"(《论语·里仁》)

注释 [1] 里:村民聚落。这里用作动词,居住。[2] 知:后来写作"智"。《论语》中的"智"都写作"知"。

译文 孔子说:"住的地方有仁德才好。选择的住处没有仁德,怎么能是聪明的呢?"

子曰:"宁武子[1],邦有道,则知;邦无道,则愚[2]。其知可及也,其愚不可及也。"(《论语·公冶长》)

注释 [1] 宁武子:卫国的大夫,姓宁,名俞,"武"是他的谥号。[2] 愚:装傻。

译文 孔子说:"宁武子在国家太平时,便聪明;国家动荡时,就装傻。他的聪明别人赶得上,那装傻就无人可及了。"

樊迟问知,子曰:"务民之义,敬鬼神而远之,可谓知矣。"(《论语·雍也》)

译文 樊迟问怎么才算聪明,孔子说:"把心力专一地放在使百姓走向义上,敬奉鬼神但远离它们,可以称之为聪明。"

子曰:"知者乐水,仁者乐山;知者动,仁者静;知者乐,仁者寿。"(《论语·雍也》)

译文 孔子说:"智者喜欢水,仁者喜好山;智者活跃,仁者娴静;智者快乐,仁者长寿。"

子曰："知者不惑，仁者不忧，勇者不惧。"（《论语·子罕》）

译文　孔子说："聪明的人不疑惑，仁德的人不忧虑，勇敢的人无所畏惧。"

子曰："君子道者三[1]，我无能焉。仁者不忧，知者不惑，勇者不惧。"子贡曰："夫子自道也[2]。"（《论语·宪问》）

注释　[1]君子道：君子的准则。[2]自道：自己说自己。
译文　孔子说："君子的准则有三条，我都没能做到。仁德的人不忧愁，聪明的人不迷惑，勇敢的人不畏惧。"子贡说："这正是他老人家自己说自己呢。"

子曰："唯上知与下愚不移。"（《论语·阳货》）

译文　孔子说："只有上等的智者与下等的愚人不可改变。"

子曰："由也，女闻六言六蔽矣乎[1]？"对曰："未也。""居，吾语女[2]。好仁不好学，其蔽也愚；好知不好学，其蔽也荡；好信不好学，其蔽也贼[3]；好直不好学，其蔽也绞[4]；好勇不好学，其蔽也乱；好刚不好学，其蔽也狂。"（《论语·阳货》）

注释　[1]言：指德。[2]居：坐下。语（yù）：告诉。[3]贼：受损害。[4]绞：偏激。
译文　孔子说："仲由，你听说过六种品德伴随着六种弊病吗？"回答说："没有。"孔子说："坐下，我告诉你。喜好仁德却不喜好学习，那种弊病就是容易被人愚弄；喜好聪敏而不喜好学习，那种弊病就是容易浮荡；喜好诚实却不喜好学习，那种弊病就是容易受损害；喜好直爽却不喜好学习，那种弊病就是容易偏激；喜好勇敢而不喜好学习，那种弊病就是容易惹祸端；喜好刚强却不喜好学习，那种弊病就是容易胆大妄为。"

点评 在孔子这里，智显然已经成为一种道德规范，和仁密切联系，什么是智、何时表现智、智可能带来的弊病，都成了孔子论述的角度。显然，孔子已经把智作为衡量人的明确的标准，并与仁、勇并举，即"仁者不忧，知者不惑，勇者不惧"成为君子之道。

论 信

子夏曰："贤贤易色[1]。事父母，能竭其力。事君，能致其身[2]。与朋友交，言而有信。虽曰未学，吾必谓之学矣。"（《论语·学而》）

注释 [1] 贤贤：敬重妻子的品德。第一个"贤"是动词，意为尊重。易色：轻视容貌。[2] 致：献出。

译文 子夏说："重视妻子的品德，不重容貌。侍奉父母，能够尽心竭力。侍奉君主，能够豁出性命。和朋友交往，说话诚实守信。即使自称未曾学习，我必定说他学了。"

子曰："道千乘之国[1]，敬事而信，节用而爱人[2]，使民以时。"（《论语·学而》）

注释 [1] 道：治理。千乘（shèng）之国：具有千乘兵车的国家。乘，古代用四匹马拉着的兵车。春秋时代打仗用车子，所以国家的强弱都用车辆的数目来确定。[2] 人：这里指士大夫以上的统治阶层。

译文 孔子说："治理具有千乘兵车的国家，应谨慎处事而守信，节约用度，爱护官吏，按时令来役使百姓。"

有子曰："信近于义，言可复也[1]。恭近于礼，远耻辱也。因不失其亲，亦可宗也[2]。"（《论语·学而》）

注释 [1]复：践行。[2]因：依靠，凭借。宗：可靠。
译文 有子说："守信接近于义，因为履行所说的话。恭敬接近于礼，是因为远离耻辱。依靠关系亲近的人，也就可靠了。"

樊迟请学稼，子曰："吾不如老农。"请学为圃，曰："吾不如老圃。"樊迟出。子曰："小人哉，樊须也。上好礼，则民莫敢不敬；上好义，则民莫敢不服；上好信，则民莫敢不用情。夫如是，则四方之民，襁负其子而至矣。焉用稼？"（《论语·子路》）

译文 樊迟请求学种庄稼，孔子说："我不如老农民。"请求学习种菜，孔子说："我不如老菜农。"樊迟退了出去。孔子说："樊迟真是小人。在上者喜好礼仪，百姓没有一个敢不恭敬；在上者喜好道义，百姓没有一个敢不服从；在上者喜好守信，百姓没有一个敢不诚实。如果这样，那么四方的百姓就会背负着他们的子女来投奔。哪里用得着自己去种庄稼呢？"

子贡问曰："何如斯可谓之士矣？"子曰："行己有耻[1]，使于四方，不辱君命，可谓士矣。"曰："敢问其次。"曰："宗族称孝焉，乡党称弟焉。"曰："敢问其次。"曰："言必信，行必果，硁硁然小人哉[2]，抑亦可以为次矣。"曰："今之从政者何如？"子曰："噫！斗筲之人[3]，何足算也。"（《论语·子路》）

注释 [1]行己：自己的行为。[2]硁(kēng)硁然：固执的样子。[3]斗筲(shāo)

之人：斗是量器，筲是饭筐，比喻见识狭小之人。

译文　子贡问："怎么样才能称为士呢？"孔子说："对自己的行为有羞耻之心，出使他国能不辜负君主的使命，能称为士了。"子贡说："请问次一等的。"孔子说："宗族称赞他孝顺，乡里称赞他友爱。"子贡说："请问再次一等的。"孔子说："说话一定诚实可靠，做事一定坚决果断，这是固执的小人啊，但也能算差一等的士了。"子贡说："现在的从政者怎么样？"孔子说："咳！这种见识狭小的人怎么算得上呢？"

　　子曰："君子义以为质，礼以行之，孙以出之[1]，信以成之。君子哉！"（《论语·卫灵公》）

注释　[1] 孙（xùn）：谦逊。出：指出言，即说话。
译文　孔子说："君子以义为根本，用礼仪来施行，用谦逊的态度来诉说，靠诚实来成就。这就是君子啊！"

　　子张问仁于孔子，孔子曰："能行五者于天下，为仁矣。"请问之。曰："恭，宽，信，敏，惠。恭则不侮，宽则得众，信则人任焉，敏则有功，惠则足以使人。"（《论语·阳货》）

译文　子张向孔子问仁，孔子说："能够处处实行五种品德，便是仁人了。"子张问是哪五种。孔子说："谦恭，宽厚，诚信，勤敏，慈惠。谦恭就不受欺侮，宽厚就能得到众人拥护，诚信就会受到信任，勤敏就会有成绩，慈惠就能够使唤人。"

点评　在孔子这里，信是关乎人自身品德的基本标准。古人相信"人言为信"，讲求诚信是重要准则，"人而无信，不知其可也"，诚信与否不仅是检验君子的标准，甚至关系到他在社会上的立足。信成为与朋友交往的保障，是治理国家的准则，还是成为君子的前提。儒家所提倡的仁、义、礼、智、信中，信是最基本的一环，也是构建仁德社会最重要的一环。

论教育

子曰："学而时习之，不亦说乎？有朋自远方来，不亦乐乎？人不知而不愠[1]，不亦君子乎？"（《论语·学而》）

注释 [1] 愠：怨恨、恼怒。

译文 孔子说："学习然后按时复习，不也很高兴吗？有志同道合的人从远方来拜访，不也很快乐吗？不因为别人不懂我就恼怒，不也是君子吗？"

子曰：君子食无求饱，居无求安。敏于事而慎于言，就有道而正焉。可谓好学也已。（《论语·学而》）

译文 孔子说："君子，吃东西不要求饱，居住不要求舒适。敏捷处事、说话谨慎，请求有道的人去匡正自己。这样可以说是好学了。"

子曰："温故而知新，可以为师矣。"（《论语·为政》）

译文 孔子说："温习旧的知识，从而知道新的知识，这样就可以当老师了。"

子曰："学而不思则罔，思而不学则殆。"（《论语·为政》）

译文 孔子说："只学习却不思考就会迷惑，只思考却不学习就会疑惑。"

子曰："由[1]，诲女知之乎！知之为知之，不知为不知，是知也。"

(《论语·为政》)

注释 [1]由：仲由，字子路，孔子的弟子。
译文 孔子说："仲由啊，让我教导你什么是聪明吧！知道就是知道，不知道就是不知道，这才是聪明的。"

子张学干禄[1]。子曰："多闻阙疑，慎言其余，则寡尤。多见阙殆[2]，慎行其余，则寡悔。言寡尤，行寡悔，禄在其中矣。"（《论语·为政》）

注释 [1]子张：名师，陈国人，字子张，孔子的弟子。[2]殆：危险。
译文 子张要学谋取官职的办法。孔子说："要多听，有怀疑的地方先放在一旁，其余的也要谨慎地说出来，这样就会少犯错误；要多看，避开危险的事情，其余的也要谨慎地去做，就能少留后悔。说话少了过失，行为少了后悔，官职俸禄就在其中了。"

子曰："见贤思齐焉，见不贤而内自省也。"（《论语·里仁》）

译文 孔子说："见到贤人，就应该想着向他看齐，见到不贤的人，内心就该反省自己有没有与他相似的缺点。"

哀公问："弟子孰为好学？"孔子对曰："有颜回者好学，不迁怒，不贰过[1]，不幸短命死矣！今也则亡，未闻好学者也。"（《论语·雍也》）

注释 [1]贰过：重复犯错误。
译文 鲁哀公问孔子："你的学生中谁是最好学的呢？"孔子回答说："有一个叫颜回的学生好学，他从不迁怒于别人，也从不重犯同样的过错。不幸短命死了。现在没有了，再没有听说过好学的人了。"

子曰："中人以上，可以语上也[1]；中人以下，不可以语上也。"（《论语·雍也》）

注释　[1] 上：高深的学问。
译文　孔子说："中等资质以上的人，可以告诉他深奥的道理；中等资质以下的人，就不要跟他谈论高深的道理了。"

子曰："默而识之，学而不厌[1]，诲人不倦，何有于我哉！"（《论语·述而》）

注释　[1] 厌：满足。
译文　孔子说："默默地记住所学的知识，学习不觉得满足，教人不厌倦，哪一点是我具备的呢？"

子曰："自行束脩以上[1]，吾未尝无诲焉。"（《论语·述而》）

注释　[1] 束脩：脩，干肉。束脩就是十条干肉。古人相见，执物为礼。
译文　孔子说："只要拿着束脩礼来见我的人，我从来没有不给他教诲的。"

子曰："不愤不启，不悱不发。举一隅，不以三隅反，则不复也。"（《论语·述而》）

译文　孔子说："不到努力想弄明白的程度不要去开导他；不到不能完善表达出来的程度不要去启发他。如果他不能举一反三，就不要再反复地给他讲解了。"

子曰:"三人行,必有我师焉。择其善者而从之,其不善者而改之。"(《论语·述而》)

译文 孔子说:"几个人在一起走路,一定有人可以当我的老师。应当选择他们的优点去学习,对他们的缺点,要注意改正。"

互乡难与言[1],童子见,门人惑。子曰:"与其进也,不与其退也。唯何甚。人洁己以进,与其洁也,不保其往也。"(《论语·述而》)

注释 [1]互乡:地名,具体不详。
译文 互乡的人难以与他们说话,一个小孩子被孔子接见,弟子们很疑惑。孔子说:"我鼓励他的进步,不赞赏他的退步。你们为什么如此过分呢?别人洁身而后过来,应该赞赏他的自洁,不要揪住他的以往不放。"

子曰:"若圣与仁,则吾岂敢。抑为之不厌,诲人不倦,则可谓云尔已矣。"公西华曰:"正唯弟子不能学也。"(《论语·述而》)

译文 孔子说:"如果说到圣与仁,那我怎么敢当!不过要说努力而不感满足,教诲别人也从不感觉疲倦,那也可以这么说。"公西华说:"这正是我们做学生的学不到的。"

子曰:"吾有知乎哉?无知也。有鄙夫问于我[1],空空如也。我叩其两端而竭焉。"(《论语·子罕》)

注释 [1]鄙:城郊。
译文 孔子说:"我有知识吗?其实没有知识。有一个乡下人问我,我对他谈的问题本来一点儿也不知道。我只是从问题的两端推究，竭尽我所能去回答。"

颜渊喟然叹曰[1]："仰之弥高，钻之弥坚，瞻之在前，忽焉在后！夫子循循然善诱人：博我以文，约我以礼。欲罢不能，既竭吾才，如有所立，卓尔；虽欲从之，末由也已！"（《论语·子罕》）

注释　[1]喟然：叹息的样子。

译文　颜渊感叹道："越仰望它越显得高远，越研钻它越显得坚固，看它好像在前面，忽然又像到后面去了。夫子善于循着次序引导他人：先教我博览文章典籍，然后以礼约束我的行为。我想停止不学了也不可能，已经用尽了我的才力，而大道依然卓立在我面前，我想再追随它，但总感到无路可去。"

点评　从孔子和弟子论学的篇章里，我们看到了孔子门派对学习的重视。作为学生，要反思、按时复习、勤奋刻苦、谦虚谨慎，才能称之为好学；作为老师，要懂得耐心教导、要有一技之长、能举一反三、知耻有礼，才"可以为师"。总体说来，老师与学生都要品行端正，且对照"大道"的原则和规范不断完善自我，才能无愧于自己的身份。文中"温故知新""见贤思齐"和"诲人不倦"等思想精髓对于现代的师生之道同样适用。

子路问："闻斯行诸？"子曰："有父兄在，如之何其闻斯行之？"冉有问："闻斯行诸？"子曰："闻斯行之。"公西华曰："由也问，闻斯行诸？子曰'有父兄在'，求也问，闻斯行诸？子曰'闻斯行之'。赤也惑，敢问。"子曰："求也退，故进之；由也兼人[1]，故退之。"（《论语·先进》）

注释　[1]兼人：能力胜过他人，能力两倍于他人。

译文　子路问孔子："听到了就行动吗？"孔子说："有父兄在，怎么能听到就行动呢？"冉有问："听到了就行动吗？"孔子说："听到了就行动。"公西华说："仲由问'听到了就行动吗'？您回答说'有父兄在'，冉求问'听到了就行动吗'？您回答'听到了就行动'。我对此感到非常疑惑，敢问您这样做的原因。"孔子说："冉求退缩，所以鼓励他前进；仲由好胜，所以让他后退。"

子曰："博学于文，约之以礼，亦可以弗畔矣夫[1]。"（《论语·颜渊》）

注释 [1] 畔：通"叛"，背离。
译文 孔子说："广泛地学习文化知识，并且用礼仪加以约束，那么人就可以不背离道德伦理了。"

子曰："不得中行而与之[1]，必也狂狷乎[2]！狂者进取，狷者有所不为也。"（《论语·子路》）

注释 [1] 中行：合乎中庸之道。[2] 狷（juàn）：拘谨。
译文 孔子说："我找不到合乎中庸之道的人来交往，那必然只能和狂妄的人或者拘谨的人交往了。狂妄的人肆意妄为，拘谨的人有很多事是不去做的。"

子曰："古之学者为己，今之学者为人。"（《论语·宪问》）

译文 孔子说："古代的求学的人学习是为了提高自己，现在求学的人学习是为了向他人炫耀。"

子曰："君子谋道不谋食。耕者，馁在其中矣[1]；学也，禄在其中矣。君子忧道不忧贫。"（《论语·卫灵公》）

注释 [1] 馁：饥饿。

译文 孔子说："君子谋求道德不谋求食物。耕田的人，有时也会饥饿；求学的人，也能从学习中得到俸禄。君子担忧大道不能施行，而不担忧贫贱。"

子曰："有教无类。"（《论语·卫灵公》）

译文 孔子说："教育是广泛的，任何类型的人都能接受教育。"

子曰："吾尝终日不食，终夜不寝，以思，无益，不如学也。"（《论语·卫灵公》）

译文 孔子说："我曾经一整天不吃东西，一整夜不睡觉，来思考问题，但是这样没有任何好处，还不如去学习。"

孔子曰："生而知之者，上也；学而知之者，次也；困而学之，又其次也；困而不学，民斯为下矣。"（《论语·季氏》）

译文 孔子说："生下来就知道，是上等的；经过学习才知道，是次等的；经历困顿之后学习，才明白道理，是更次等的情况；困顿了仍旧不学习，这样的人就是下等人了。"

子曰："予欲无言[1]。"子贡曰："子如不言，则小子何述焉[2]？"子曰："天何言哉？四时行焉，百物生焉，天何言哉？"（《论语·阳货》）

注释 [1] 予：我。[2] 小子：对自己的谦称。述：说。

译文 孔子说："我不想说话了。"子贡说："先生要是不说话了，那么我们还说什么呢？"孔子说："上天说什么呢？四季照常运行，万物照常生长，天又说了什么话呢？"

孺悲欲见孔子[1]，孔子辞以疾。将命者出户，取瑟而歌，使之闻之。（《论语·阳货》）

注释 [1] 孺悲：鲁国人，鲁哀公曾经派他向孔子学习礼仪。
译文 孺悲想要见孔子，孔子以生病为由推辞了。传话的人刚出门，孔子就取出瑟，边弹边唱，让孺悲听到。

子夏曰："日知其所亡[1]，月无忘其所能，可谓好学也已矣。"（《论语·子张》）

注释 [1] 亡：通"无"，不知道的东西。
译文 子夏说："每天都知道一些之前不知道的东西，每个月都不忘记已经学到的东西，这可以说是好学了。"

子夏曰："博学而笃志[1]，切问而近思，仁在其中矣。"（《论语·子张》）

注释 [1] 笃：坚持。志：通"识"，记忆。
译文 子夏说："广泛地学习并且强化记忆，详细地询问并且仔细思考，仁就在这个过程中了。"

子夏曰："百工居肆以成其事[1]，君子学以致其道。"（《论语·子张》）

注释 [1] 百工：各种工匠。肆：作坊。
译文 子夏说："各行各业的工匠在作坊中成就事业，君子通过学习来探求大道。"

子夏曰："仕而优则学，学而优则仕。"（《论语·子张》）

译文 子夏说："做官还有余力的人可以去学习，学习如果还有余力的人可以去做官。"

卫公孙朝问于子贡曰："仲尼焉学？"子贡曰："文武之道，未坠于地，在人。贤者识其大者，不贤者识其小者，莫不有文武之道焉。夫子焉不学，而亦何常师之有[1]？"（《论语·子张》）

注释 [1] 常师：固定的老师。
译文 卫国人公孙朝问子贡："仲尼先生向谁学习呢？"子贡回答说："周文王周武王的道，没有坠落在地上，而是在人们心中。贤能的人能够认识到文武之道的根本，不贤能的人只能认识到文武之道的细枝末节，但是他们心中或多或少都有文武之道，孔先生向谁都学习，又怎么需要固定的老师向他传授呢？"

点评 孔子是伟大的教育家，上面的选文中包含了许多孔子对教育的看法和做法。例如认为贵族以外的平民也有受教育的权利；认为学习应当追求更高远的思想境界，而不应局限于简单的物质需求；主张因材施教；强调学与思不可偏废；要求学生把学业和实践结合起来，等等，这些主张和做法在今天也有现实意义。

学 以 致 用

积累篇

1. 《论语》作为儒家经典，不仅为我们留下了宝贵的精神财富，也为我们提供了丰富的语言素材。今天我们使用的许多成语都是从《论语》演化出来的。请读读记记下列含有"仁"的成语，并仔细想想或借助词典了解"仁"的含义。

当仁不让　里仁为美　仁人志士　观过知仁

求仁得仁　求生害仁　杀身成仁　色仁行违

2. 宋代开国宰相赵普曾说："半部《论语》治天下。"可见儒家思想在古代社会生活和政治生活中发挥着巨大作用，请读一读下面两个链接材料，结合孔子的政治思想说一说古代王朝兴衰的原因。

链接一：

夏朝的末代君主桀和商朝的最后一个君主纣都是历史上有名的暴君，他们穷奢极欲，为自己建造宫殿，大量搜刮民财，滥用酷刑，引起人民的反抗，夏朝的子民对着太阳指桑骂槐："你这个太阳什么时候灭亡啊？我真愿意与你一起灭亡！"桀和纣还用武力压迫其他诸侯国，诸侯不能忍受，纷纷叛变。

链接二：

曾经创立过"开皇之治"的隋文帝杨坚，应该是中国历史上较"勤政爱民"的皇帝。杨坚性格严谨持重，办事令行禁止，《隋书》上说他"每旦听朝，日昃忘倦"。开皇十四年夏，京师长安发生地震，关内各州大旱，百姓闹饥荒。杨坚便亲自带领饥饿百姓前往洛阳谋生。他严令负责侦察的卫士不得随便驱逐威胁百姓，让男女老少夹杂在自己的仪仗侍卫之中。遇到扶老携幼的，杨坚便牵住马避让，对他们嘘寒问暖后才离去。走到路况较差的地段，只要见到有挑担子的，就马上让自己的侍卫扶助。他为政期间隋朝迅速繁荣，国力强盛。

研讨篇

1. 十八大报告把社会主义核心价值观概括为二十四个字"富强、民主、文明、和谐；自由、平等、公正、法治；爱国、敬业、诚信、友善"。其中的"文明""诚信"可以说是对儒家文化中礼信的弘扬，"守礼守信"是一个人的立身之本，我们在平时的日常生活就应该培养文明、诚信的良好品行，你或者周围人的哪些言行举止是不守礼、不守信的呢？

2. 孔子是伟大的思想家、政治家、儒家学派的创始人，他的儒家思想对中国和世界都有深远的影响。两千多年来，一直为世人所称颂，而孔子在教育方面，更是开创了历史的先河，被后人奉为"万世师表"，你能说说孔子在教育上的伟大贡献吗？

学思篇

1.《论语·子罕》篇中有句话："子曰：'三军可夺帅也，匹夫不可夺志也。'"从中可以看出志向对一个人的重要性。孔子想告诉他的弟子，一个人想成就一番事业或者追求更高的精神境界，首先要树立远大的志向，并且坚定信念，矢志不渝。读了这句话，你有何感想，你是否有自己的人生目标，为此你又做出了哪些努力呢？

2. 中国自古就有重礼节的优良传统，在日常人际交往以及书信往来中，人们经常借助谦词、敬语来表示尊敬、礼貌、问候、祝颂等。准确得体地使用谦词、敬语可以体现出一个人的修养与品位。所谓谦词，就是表示谦虚的言辞，例如自己的看法叫"拙见"等；所谓敬词，是指敬称他人或与他人有关的人和事时所用的词，例如问对方姓氏称"贵姓"等。你还知道哪些谦词或者敬词？

3. 孔子——伟大的仁者，一个为了实现自己政治抱负而奔波一生的人。推荐同学们观看2010年拍摄的传记历史片《孔子》，更直观地感受这位圣人身上所散发的人性光芒。

大师说经典

蔡元培谈孔子

　　精神生活，是与物质生活对待的名词。孔子尚中庸，并没有绝对的排斥物质生活，如墨子以自苦为极，如佛教的一切唯心造。例如《论语》所记"失饪不食，不时不食"，"狐貉之厚以居"，谓"卫公子荆善居室"，"从大夫之后，不可以徒行"，对于衣食住行，大抵持一种素富贵行乎富贵，素贫贱行乎贫贱的态度。但使物质生活与精神生活在不可兼得的时候，孔子一定偏重精神方面。例如孔子说："饭疏食，饮水，曲肱而枕之，乐亦在其中矣；不义而富且贵，于我如浮云。"可见他的精神生活，是决不为物质生活所摇动的。今请把他的精神生活分三方面来观察：

　　第一，在智的方面。孔子是一个爱智的人，尝说："盖有不知而作之者，我无是也；多闻，择其善者而从之，多见而识之。"又说："多闻阙疑"，"多见阙殆"。又说："知之为知之，不知为不知，是知也。"可以见他的爱智，是毫不含糊，决非强不知为知的。他教子弟通礼、乐、射、御、书、数的六艺；又为分设德行、言语、政事、文学四科，彼劝人学诗，在心理上指出"兴""观""群""怨"，在伦理上指出"事父""事君"，在生物上指出"多识于鸟兽草木之名"。（他如《国语》说：孔子识肃慎氏之石砮，防风氏骨节，是考古学。《家语》说：孔子知萍实，知商羊，是生物学。但都不甚可信。）可以见知力范围的广大。至于知力的最高点，是道，就是最后的目的，所以说："朝闻道，夕死可矣。"这是何等的高尚！

　　第二，在仁的方面。从亲爱起点，"泛爱众，而亲仁"，便是仁的出发点。他的进行的方法用恕字，消极的是"己所不欲，勿施于人"；积极的是"己欲立而立人，己欲达而达人"。他的普遍的要求，是"君子无终食之间违仁，造次必于是，颠沛必于是"。他的最高点，是"伯夷、叔齐，古之贤人也，求仁而得仁，又何怨？""志士仁人，无求生以害仁，有杀身以成仁。"这是何等伟大！

第三，在勇的方面。消极的以见义不为为无勇；积极的以童汪踦能执干戈卫社稷可无殇。但孔子对于勇，却不同仁、智的无限推进，而时加以节制。例如说："小不忍则乱大谋""一朝之忿，忘其身以及其亲，非惑欤？""好勇不好学，其蔽也乱。""君子有勇而无义为乱，小人有勇而无义为盗。""暴虎冯河，死而无悔者，吾不与焉，必也临事而惧，好谋而成者也。"这又是何等的谨慎！

孔子的精神生活，除上列三方面观察外，尚有两特点：一是毫无宗教的迷信；二是利用美术的陶养。孔子也言天，也言命，照孟子的解释，莫之为而为是天，莫之致而至是命，等于数学上的未知数，毫无宗教的气味。凡宗教不是多神，便是一神。孔子不语神，敬鬼神而远之，说"未能事人，焉能事鬼？"完全置鬼神于存而不论之列。凡宗教总有一种死后的世界，孔子说："未知生，焉知死？""之死而致死之，不仁而不可为也；之死而致生之，不知而不可为也"，毫不能用天堂地狱等说来附会他。凡宗教总有一种祈祷的效验，孔子说："丘之祷久矣"，"获罪于天，无所祷也"，毫不觉得祈祷的必要。所以孔子的精神上，毫无宗教的分子。

孔子的时代，建筑、雕刻、图画等美术，虽然有一点萌芽，还算是实用与装饰的工具，而不认为独立的美术，那时候认为纯粹美术的是音乐。孔子以乐为六艺之一，在齐闻韶，三月不知肉味。谓："韶尽美矣，又尽善也。"对于音乐的美感，是后人所不及的。

孔子所处的环境与二千年后的今日，很有差别；我们不能说孔子的语言到今日还是句句有价值，也不敢说孔子的行为到今日还是样样可以做模范。但是抽象地提出他精神生活的概略，以智、仁、勇为范围，无宗教的迷信而有音乐的陶养，这是完全可以为师法的。

二 《孟子》选读

  《孟子》大约是孟子及其弟子共同编纂的,主要记录孟子的言行,涉及孟子的政治活动、哲学思想和个性修养。全书分为《梁惠王》《公孙丑》等七篇(各篇又分上下),以每篇首句中的几个字为篇名,为语录体,以对话形式展开说理。

  孟子(约前372—前289),名轲,字子舆,战国时邹(今山东邹城)人,受业于孔子之孙子思的弟子,是继孔子之后儒家学派最重要的一个代表人物,后世把他与孔子并称为"孔孟"。他曾游历齐、宋、滕、魏等国,游说诸侯,后退居讲学著述。

  孟子提出"仁政""王道"的政治主张,反对暴虐统治,具有"民为贵,社稷次之,君为轻"(《离娄上》)的民本思想,希望统治者能让百姓安居乐业,进而使社会统一安定,以推行儒家的教化,达到"王天下"的目的。在哲学思想上,孟子提倡"性善论",主张修养心性,扩大人善的本性。这些都是对孔子仁学思想的继承和发展。

论 仁

仁则荣

孟子曰:"仁则荣,不仁则辱;今恶辱而居不仁,是犹恶湿而居下也。"(《孟子·公孙丑上》)

译文 孟子说:"实行仁政则荣耀,不实行仁政则会遭受屈辱;如今憎恶屈辱而又不实行仁政,就好像是憎恶潮湿又居住在低洼之地一样。"

点评 这里孟子说的对象应当是诸侯卿相一类执政的人,"仁"指的是仁政。当时的统治者都想荣耀,却又贪图享乐而不实行仁政,孟子指出这样做的危害。

仁,人之安宅

孟子曰:"矢人岂不仁于函人哉?矢人唯恐不伤人,函人唯恐伤人。巫匠亦然[1]。故术不可不慎也。孔子曰:'里仁为美。择不处仁,焉得智?'夫仁,天之尊爵也,人之安宅也。莫之御而不仁[2],是不智也。不仁、不智,无礼、无义,人役也。人役而耻为役,由弓人而耻为弓[3],矢人而耻为矢也。如耻之,莫如为仁。仁者如射:射者正己而后发;发而不中,不怨胜己者,反求诸己而已矣。"(《孟子·公孙丑上》)

注释 [1]巫:古代从事祈祷、卜筮、星占,并兼用药物为人求福、却灾、治病的人。这里指巫医,是以祝祷为主或兼用一些药物来为人消灾治病的人。匠:木匠,这里指做棺材的工匠。[2]御:阻挡。[3]由:通"犹"。

译文 孟子说:"造箭的人难道不如造铠甲的人仁慈吗?造箭的人唯恐他造的箭不能伤害人,造铠甲的人却唯恐伤害了人。巫医和棺材匠之间也是这样(巫医唯恐病人不能痊愈，棺材匠则唯恐病人不死棺材卖不出去）。所以，一个人选择谋生职业不可以不谨慎。孔子说：'住的地方有仁德才好。选择的住处没有仁德，怎么能是聪明的呢？'仁，是上天尊贵的爵位，人间最安逸的住宅。没有人阻挡你，你却不选择仁，是不明智。不仁不智、无礼无义的人，只配做别人的奴仆。本该做奴仆却又自以为耻，就像造弓的人却以造弓为耻，造箭的人却以造箭为耻一样。如果真的引以为耻，那就不如好好行仁。仁者就像比赛射箭的人：射箭的人先端正自己的姿势然后才放箭；如果没有射中，不埋怨胜过自己的人，而是反过来从自身找原因。"

点评 这段话用生动的比喻说明人生职业道路的选择很重要。而更重要的是无论从事什么职业（当然必须是合乎法律道德的职业），都要有一颗仁义之心。

三代之得天下也以仁

孟子曰："三代之得天下也以仁[1]，其失天下也以不仁。国之所以废兴存亡者亦然。天子不仁，不保四海；诸侯不仁，不保社稷[2]；卿大夫不仁，不保宗庙[3]；士庶人不仁[4]，不保四体[5]。今恶死亡而乐不仁，是犹恶醉而强酒。"（《孟子·离娄上》）

注释 [1] 三代：指夏、商、周。[2] 社稷：代指国家，这里指诸侯国。[3] 宗庙：古代帝王、诸侯等祭祀祖宗的庙宇。[4] 庶人：平民，百姓。[5] 四体：四肢，指代整个身体。

译文 孟子说："夏、商、周三代能够得到天下是由于仁，失去天下是由于不仁。诸侯国的衰败、兴盛、生存、灭亡也是如此。天子不仁，就保不住天下；诸侯不仁，就保不住邦国；公卿大夫不仁，就保不住宗庙；士人和普通百姓不仁，就保不住自身。现在有些人害怕死亡但乐于不仁，这就像害怕醉酒却偏要勉强喝酒一样。"

点评 仁对所有的人都意义重大，关系到天下兴衰、邦国存亡，也关系到个人生死荣辱。值得警惕的是，从眼前利益看，做不仁的事有一定的诱惑力，就像勉强喝酒一样，可以满足一时的享乐或个人的私欲，但其后果，严重的可能丧失天下国家，轻微的也会使自己身败名裂。对此，怎能不慎重呢?

君　仁

孟子曰："君仁，莫不仁；君义，莫不义。"(《孟子·离娄下》)

译文　孟子说："君主如果仁，就没有人不仁；君主如果义，就没有人不义。"

点评　这就是上行下效的道理。关键是地位在上的人的仁和义，必须落实在行动上，而不是停留在口头上，身教重于言教。

人之所以异于禽兽者几希

孟子曰："人之所以异于禽兽者几希，庶民去之，君子存之。舜明于庶物[1]，察于人伦，由仁义行，非行仁义也。"(《孟子·离娄下》)

注释　[1] 庶：众多。

译文　孟子说："人和禽兽不同的地方只有一点点，百姓们丢弃了它，君子保存了它。舜明白万物的道理，通晓人与人尊卑长幼之间的等级关系，这才从仁义之路而行，而不是只利用仁义作为工具。"

点评　提倡仁义之道是因为人有别于禽兽，没有仁义，人就成了纯粹的动物，和禽兽没有差别了。

仁之胜不仁

孟子曰："仁之胜不仁也，犹水之胜火。今之为仁者，犹以一杯水救一车薪之火也，不熄，则谓之水不胜火。此又与于不仁之甚者也，亦终必亡而已矣。"(《孟子·告子上》)

译文　孟子说:"仁能胜过不仁,就好比是水能胜过火一样。如今行仁的人,就好比是用一杯水去救一车柴的火,火扑不灭,就说是水不能胜过火。这样的人就和那些一点仁心都没有的人一样了,最终也会失去原有的那点仁心的。"

点评　这段话就是成语"杯水车薪"的出处。杯水车薪固然无济于事,但那是因为水太少,而不能说水不能灭火。一个人献出一点小爱心,可能解决不了很大的问题,但如果人人都献出爱心,整个社会都会为之一变。

仁民爱物

孟子曰:"君子之于物也,爱之而弗仁;于民也,仁之而弗亲。亲亲而仁民,仁民而爱物。"(《孟子·尽心上》)

译文　孟子说:"君子对于万物,爱惜它们,却不用仁德对待它们;对于百姓,用仁德对待他们,却不亲近他们。君子亲近亲人,进而用仁德对待百姓;用仁德对待百姓,进而爱惜万物。"

点评　这段话是说君子的爱心发源于对亲人的爱。把对亲人的亲近推广开来,用到百姓身上,就是对百姓实行仁政;用到万物身上,就是要爱惜万物,与自然和谐相处。

梁惠王不仁

孟子曰:"不仁哉梁惠王也[1]!仁者以其所爱及其所不爱,不仁者以其所不爱及其所爱。"

公孙丑问曰[2]:"何谓也?"

"梁惠王以土地之故,糜烂其民而战之[3],大败,将复之,恐不能胜,故驱其所爱子弟以殉之[4],是之谓以其所不爱及其所爱也。"(《孟子·尽心下》)

注释　[1]梁惠王：战国时魏国国君。[2]公孙丑：战国时齐国人，孟子弟子。[3]糜烂：碎烂。[4]殉：为某种目的而牺牲生命。

译文　孟子说："很不仁啊梁惠王！仁者把自己对待所喜爱者的恩惠推及自己所不喜爱的人，不仁者把自己要加给所不喜爱者的灾祸推及自己所喜爱的人。"

公孙丑问："这是什么意思呢？"

孟子说："梁惠王为了扩张土地的缘故，不惜让自己的人民上战场打仗粉身碎骨，打了败仗，又准备再战，害怕打不赢，又驱使自己所喜爱的子弟去献身死战，这就是我说的把本来要加在不喜爱者身上的灾害推及所喜爱的人身上。"

点评　梁惠王没有仁心。他不懂得民众的生命和扩张国土哪一个更重要。更甚者，他为了一己之私利，把灾难加到了自己原本喜欢的人身上。也就是说，这些他"喜欢"的人在他心目中也没有扩张国土重要。这样的人，难道不可怕吗？

仁者，人也

孟子曰："仁也者，人也。合而言之，道也。"（《孟子·尽心下》）

译文　孟子说："所谓'仁'，意思就是'人'。'仁'和'人'合起来说，就是'道'。"

点评　"仁"字是由"人"和"二"合起来组成的。这就是说只要有两个人在一起，就应当有仁德，而仁德也只能在人与人之间产生。从这个意义上说，有仁德是人区别于禽兽的标志。

人皆有所不忍

孟子曰："人皆有所不忍，达之于其所忍，仁也；人皆有所不为，达之于其所为，义也。人能充无欲害人之心，而仁不可胜用也；人能充无穿逾之心[1]，而义不可胜用也；人能充无受尔汝之实[2]，无所往而不为义也。士未可以言而言，是以言餂之也[3]；可以言而不言，是以不言餂之也，是皆穿逾之类也。"（《孟子·尽心下》）

注释 [1]穿逾：挖墙洞和爬墙头，指偷窃行为。[2]尔汝：古代尊长对卑幼者的称呼，引申为轻贱之称。[3]餂：诱取，引诱别人以便于自己获取利益。

译文 孟子说："人都有不忍心干的事，如果能把这种心思推广到忍心干的事上，那就是仁了。人都有不愿意做的事，如果能把这种心思推广到愿意做的事上，那就是义了。人们心里如果能充满不想害人的念头，仁就用之不尽了。人们心里如果能充满不穿墙打洞偷盗的念头，那义就用之不尽了。人们心里如果能充满不接受卑贱的称呼的念头，无论去到哪里就都合乎礼仪了。一个士人，不可以和他交谈而去和他交谈，这是以言谈诱取他；可以和他交谈而不和他交谈，是以沉默诱取他，这些都属于穿墙打洞的小偷之类的行为。"

点评 有些在一般情况下忍心干的事其实也是带有几分残忍的，有些平常觉得可以做的事其实也是不高尚的。一个人如果把能忍心做、觉得可以做的底线提高一些，那他就是一个更仁慈更高尚的人了。

论性本善

人皆有不忍人之心

孟子曰："人皆有不忍人之心。先王有不忍人之心，斯有不忍人之政矣。以不忍人之心，行不忍人之政，治天下可运之掌上。

"所以谓人皆有不忍人之心者，今人乍见孺子将入于井，皆有怵惕恻隐之心——非所以内交于孺子之父母也[1]，非所以要誉于乡党朋友也[2]，非恶其声而然也。

"由是观之，无恻隐之心，非人也；无羞恶之心，非人也；无辞让之心,非人也;无是非之心,非人也。

"恻隐之心,仁之端也;羞恶之心,义之端也;辞让之心,礼之端也;是非之心,智之端也。人之有是四端也,犹其有四体也。有是四端而自谓不能者,自贼者也[3];谓其君不能者,贼其君者也。

"凡有四端于我者,知皆扩而充之矣,若火之始然[4],泉之始达。苟能充之,足以保四海;苟不充之,不足以事父母。"(《孟子·公孙丑上》)

注释 [1]内交:结交。内,同"纳"。[2]要:求。[3]自贼:自己伤害自己。[4]然:同"燃"。

译文 孟子说:"人人都有怜悯体恤别人的心情。先王有怜悯体恤别人的心情,所以才有怜悯体恤百姓的政治。用怜悯体恤别人的心情,施行怜悯体恤百姓的政治,治理天下就可以像在手掌心里转动小东西一样容易了。

"之所以说人人都有怜悯体恤别人的心情,是因为如果现在有人突然看见一个小孩要掉进井里面去了,必然会产生惊惧同情的心情——这不是为了想去和这孩子的父母拉关系,不是为了要在乡邻朋友中博取声誉,也不是因为厌恶这孩子的哭叫声才这样的。

"由此看来,没有同情心,简直不是人;没有羞耻心,简直不是人;没有谦让心,简直不是人;没有是非心,简直不是人。

"同情心是仁的发端;羞耻心是义的发端;谦让心是礼的发端;是非心是智的发端。人有这四种发端,就像有四肢一样是自然而然的。有了这四种发端却自认为不行的,是自暴自弃的人;认为他的君主不行的,是背弃君主的人。

"凡是有这四种发端的人,倘若知道把这些发端充实扩大,就像火刚刚开始烧起来,泉水刚刚开始流出来。如果能够扩充它们,就足以安定天下;如果不能够扩充它们,就连赡养父母都做不到。"

点评 孟子认为同情恻隐之心是人的天性,没有了同情恻隐之心,就没有人性了。由同情恻隐之心扩充开去,仁、义、礼、智就有了发端,统治者就能行仁政，普通人之间就能建立相互友善的关系。试想，在我们周围，一个没有同情心的残忍的人，谁愿意和他打交道呢？

人无有不善

告子曰[1]："性犹湍水也，决诸东方则东流，决诸西方则西流。人性之无分于善不善也，犹水之无分于东西也。"

孟子曰："水信无分于东西，无分于上下乎？人性之善也，犹水之就下也。人无有不善，水无有不下。今夫水，搏而跃之[2]，可使过颡[3]；激而行之，可使在山。是岂水之性哉？其势则然也。人之可使为不善，其性亦犹是也。"（《孟子·告子上》）

注释 [1]告子：传说是孟子的弟子。[2]搏：拍，击。[3]颡：额头。

译文 告子说："人性就好比湍急的水流，在东边开了缺口就向东流，在西边开了缺口就向西流。所以人性没有善与不善之分，就像水没有东流西流之分一样。"

孟子说："水流确实没有东西之分，但是没有上下之分吗？人的本性是善的，就好比水向下流一样。人的本性没有不善的，水的本性没有不向下流的。现在这水，被拍打溅起来，可以高过额头；堵塞水道使它倒行，就可以引它上山冈。可难道这是水的本性吗？是形势使它这样的。人之所以能使他做坏事，其本性的改变也是这样的。"

点评 孟子主张人性本善，但人在客观外界形势的诱导或逼迫下也会做坏事，可见人所处的环境很重要。在这段话中，告子以水为喻，看似雄辩，而孟子只轻轻一转就化解了对方的招数，其辩论技巧确实令人佩服。

人性本善

公都子曰[1]："告子曰：'性无善无不善也。'或曰：'性可以为善，可以为不善。是故文武兴[2]，则民好善；幽厉兴[3]，则民好暴。'或曰：'有性善，有性不善。是故以尧为君而有象[4]；以瞽瞍为父而有舜[5]；以纣为兄之子，且以为君，而有微子启、王子比干[6]。'今曰'性善'，然则彼皆非欤？"

孟子曰："乃若其情，则可以为善矣，乃所谓善也。若夫为不善，非才之罪也。恻隐之心，人皆有之；羞恶之心，人皆有之；恭敬之心，人皆有之；是非之心，人皆有之。恻隐之心，仁也；羞恶之心，义也；恭敬之心，礼也；是非之心，智也。仁义礼智，非由外铄我也[7]，我固有之也，弗思耳矣。故曰：'求则得之，舍则失之。'或相倍蓰而无算者，不能尽其才者也。《诗》曰：'天生蒸民，有物有则。民之秉彝，好是懿德。'[8]孔子曰：'为此诗者，其知道乎！故有物必则；民之秉彝也，故好是懿德。'"（《孟子·告子上》）

注释 [1]公都子：孟子弟子。[2]文武：周文王和周武王。[3]幽厉：周幽王与周厉王。都是周代的昏乱之君。[4]象：舜的异母弟，品行不好。[5]瞽（gǔ）瞍（sǒu）：舜的父亲，品行不好。[6]微子启：商纣王的庶兄。比干：商代帝王文丁的次子，商纣王的叔叔。[7]铄（shuò）：渗入，授予。[8]"天生"四句：引自《诗经·大雅·蒸民》。蒸，众。则，法则。秉，执。彝，常。懿，美。

译文 公都子说："告子说：'人性本没有善也没有不善。'有人说：'人性可以让它善，也可以让它不善。所以文王、武王兴起，人民就喜好善良；幽王、厉王兴起，人民就喜好暴行。'还有人说："有的人本性善，有的人本性不善。所以当尧为圣明君主时却有象这样不好的百姓；有瞽瞍这样坏的父亲却有舜这样的好儿子；有纣王这样的侄子，而且做了君主，却有微子启、王子比干这样的贤臣。'现在您说'人性本善'，那么他们说的都错了吗？"

孟子说："至于人天生的性情，是让它善良的，这就是我所说的人性本善。至于有的人行为不善，那不能归罪于天生的资质。同情之心，人人都有；羞耻之心，人人都有；恭敬之心，人人都有；是非之心，人人都有。同情心属于仁；羞耻心属于义；恭敬心属于礼；是非心属于智。仁义礼智这几项都不是由外界加给我的，而是我本来就有的，只是没有去想它因而不觉得罢了。所以说：'探求就能获得，放弃就会失去。'人和人比有相差一倍、五倍乃至无数倍的，就是由于没有发挥出善的本质的缘故。《诗经》上说：'上天生育了众民，万物都有准则。人民掌握了常规，崇尚美好的品德。'孔子说：'作这首诗的人，大概懂得道了！所以他说有万物必然有其准则；人民掌握不变的法则，所以才崇尚美好的品德。'"

点评 人性原本是善还是恶，这是个很难说清楚的问题。不过，孟子提出的"求则得之，舍则失之"是有一定道理的。人的高尚道德情操和优良品质，是要在生活中通过学习、实践、磨炼、陶冶逐步培养的。

牛山之木

孟子曰："牛山之木尝美矣[1]，以其郊于大国也，斧斤伐之，可以为美乎？是其日夜之所息，雨露之所润，非无萌蘖之生焉，牛羊又从而牧之，是以若彼濯濯也[2]。人见其濯濯也，以为未尝有材焉，此岂山之性也哉？

"虽存乎人者，岂无仁义之心哉？其所以放其良心者，亦犹斧斤之于木也，旦旦而伐之，可以为美乎？其日夜之所息，平旦之气，其好恶与人相近也者几希，则其旦昼之所为，有梏亡之矣[3]。梏之反覆，则其夜气不足以存；夜气不足以存，则其违禽兽不远矣。人见其禽兽也，而以为未尝有才焉者，是岂人之情也哉？

"故苟得其养，无物不长；苟失其养，无物不消。孔子曰：'操则存，舍则亡；出入无时，莫知其乡[4]。'惟心之谓与？"（《孟子·告子上》）

注释 [1]牛山：山名，在今山东临淄南。其地临近战国时齐国首都。[2]濯濯：山上没有草木的样子。[3]有：通"又"。梏亡：因受束缚而致丧失。[4]乡：通"向"。

译文 孟子说："牛山上的树木曾经很茂盛，因为它长在大都市的郊外，经常被斧头砍伐，还能保持其茂美吗？虽然它日夜生长，有雨露滋润，也不是没有新枝嫩芽长出来，但紧接着山上又在放牧牛羊，所以就变得那样光秃秃的了。人们见到它光秃秃的，便误以为它不曾生长过树木，这难道是山的本性吗？在一些人身上，难道就没有仁义之心吗？他们之所以放弃良心，是由于也像刀斧对待树木那样，天天砍伐它，怎么能茂美呢？尽管他们日夜息养善心，接触清晨的清明之气，他们的爱憎与一般人的相近之处也有了一点点，但是他们第二天的所作所为，就又使这一点点善性被束缚而消磨掉了。多次反复消磨，就使夜里息养的善心不能存留；夜里息养的善心不能存留，就离禽兽不远了。人们看见他简直就是禽兽，以为他根本未曾有过善性，这难道是这些人的本性吗？因此，如果得到培养，没有什么事物不生长；如果失去培养，没有什么事物不消亡。孔子说：'把握住就能存留，放弃就会消亡；进出没有一定时间，不知道它去往何方。'这就是针对人心而言的吧！"

点评 这段话还是说人性本善，不过更侧重后天的滋养保持。

求其放心

孟子曰："仁，人心也；义，人路也。舍其路而弗由，放其心而不知求，哀哉！人有鸡犬放，则知求之；有放心而不知求。学问之道无他，求其放心而已矣。"（《孟子·告子上》）

译文 孟子说："仁，是人的良心；义，是人生的道路。舍弃人生的正路而不走，丢失了人的良心而不知道去找，这太可悲了！人们的鸡犬丢了，尚且知道去找；良心丢失了，却不知道去找。学问之道没有别的，只是找回丢失的良心而已。"

点评 高尚的道德、优秀的品质，都是人们所追求的。如果是自己丢失的，当然应该找回来；即使不是自己原有的，也可以向别人学习，使自己成为一个高尚的人。

大体与小体

公都子问曰："钧是人也[1]，或为大人，或为小人，何也？"

孟子曰："从其大体为大人[2]，从其小体为小人[3]。"

曰："钧是人也，或从其大体，或从其小体，何也？"

曰："耳目之官不思，而蔽于物。物交物，则引之而已矣。心之官则思，思则得之，不思则不得也。此天之所与我者。先立乎其大者，则其小者不能夺也。此为大人而已矣。"（《孟子·告子上》）

注释 [1]钧：同"均"，同样。[2]大体：此指思维器官，古人认为人是用心思维的。[3]小体：指耳目之类器官。

译文 公都子问："同样是人，有些是君子，有些是小人，这是为什么呢？"

孟子说："要求满足重要器官需要的是君子，要求满足耳目之类器官需要的是小人。"

公都子说："同样是人，有人要求满足重要器官需要，有人要求满足耳目之类器官需要，这是为什么？"

孟子说："耳朵、眼睛等器官不会思考，因而会被外物蒙蔽。它们接触外物，就被引入歧途了。心这个器官则会思考，思考就会得到答案，不会思考就得不到答案。这是上天赋予人类的。首先确立心这个重要器官，那么耳目之类就不能夺走善性了。这样的人就是君子了。"

点评 这段话使我们想起了物质追求和精神追求的关系问题。人不可能没有物质追求，但如果把物质追求放在首位，只满足感官刺激或口腹之欲，忽视了灵魂对肉体的统率作用，那后果就不堪设想了。

良知良能

孟子曰："人之所不学而能者，其良能也[1]；所不虑而知者，其良知也[2]。孩提之童无不知爱其亲者,及其长也,无不知敬其兄也。亲亲,仁也;敬长,义也;无他,达之天下也[3]。"(《孟子·尽心上》)

注释 [1] 良能:儒家所认为的天赋之能。[2] 良知:儒家所认为的人类先天具有的道德意识。[3] 达:通,通行。

译文 孟子说:"人们不用学习就能做的,是良能;不用思考就知道的,是良知。两三岁的小孩子,没有不知道喜爱父母的,等到长大,没有不知道尊敬兄长的。喜爱父母,就是仁;尊敬兄长,就是义;这没有别的原因,只因为这两种品德能通行于天下。"

点评 儒家认为,把爱父母、敬兄长的感情推而广之,就会使全社会达到仁义的境界,所以说"达之天下"。

论道德修养

养浩然之气

曰:"敢问夫子之不动心与告子之不动心[1],可得闻与?"

"告子曰:'不得于言,勿求于心;不得于心,勿求于气。'不得于心,勿求于气,可;不得于言,勿求于心,不可。夫志,气之帅也;气,体之充也。夫志至焉,气次焉[2];故曰:'持其志,无暴其气。'"

"既曰'志至焉,气次焉',又曰'持其志,无暴其气'者,何也?"

曰:"志壹则动气,气壹则动志也。今夫蹶者趋者,是气也,而反动其心。"

"敢问夫子恶乎长?"

曰:"我知言,我善养吾浩然之气[3]。"

"敢问何谓浩然之气？"

　　曰："难言也。其为气也，至大至刚，以直养而无害，则塞于天地之间。其为气也，配义与道；无是，馁也。是集义所生者，非义袭而取之也。行有不慊于心[4]，则馁矣。我故曰，告子未尝知义，以其外之也。必有事焉，而勿正[5]，心勿忘，勿助长也。无若宋人然：宋人有闵其苗之不长而揠之者，芒芒然归，谓其人曰：'今日病矣！予助苗长矣！'其子趋而往视之，苗则槁矣。天下之不助苗长者寡矣。以为无益而舍之者，不耘苗者也；助之长者，揠苗者也，非徒无益，而又害之。"（《孟子·公孙丑上》）

注释　[1]不动心：指对利益等不产生欲望。[2]次：至，及。[3]浩然之气：正气，正大刚直之气。[4]慊（qiè）：通"嗛"，满足，快意。[5]正：预定。

译文　公孙丑说："请问老师您的不动心与告子的不动心，可以说来听听吗？"

　　孟子说："告子说过：'不能在语言上得胜，就不必求助于思想；不能在思想上得胜，就不必求助于意气。'如果不能在思想上得胜，就不求助于意气，是可以的；不能在语言上得胜，就不去求助于思想，就不可以了。因为思想意志，是意气情感的主帅，意气情感是充满人体内的力量。思想意志到了哪里，意气情感也就会到达哪里。所以说：'要坚定思想意志，不要滥用意气情感。'"

　　公孙丑又问："既然您说'思想意志到了哪里，意气情感也就会到达哪里'，但您又说'要坚定思想意志，不要滥用意气情感'，这是为什么呢？"

　　孟子说："思想意志专一会使意气情感转移，意气情感专一又会使思想意志动摇。就像跌倒和奔跑，是因为意气的作用，也会反过来影响到思想，使心思浮动。"

　　公孙丑又问："请问老师擅长于什么呢？"

　　孟子说："我善于理解人的言辞，善于培养我的浩然之气。"

　　公孙丑说："请问什么叫作浩然之气？"

　　孟子说："这很难说明白，这种气，最伟大，最刚强，用正义培养它而不损害它，它就会充满于天地之间。这种气，要配上义和道；没有这些，就会疲软了。它是集聚了正义而产生的，不是凭偶然的正义所能获取的。行为中有一点亏心的事，它就会疲软。所以我说，告子不曾懂得义，因为他把义看作是心外的东西。我们要做好培养心中正义的事，但不要预先追求一定的目的。心里面不要忘记它，也不要违背规律帮它成长。不要学宋国人那样。宋国有个担心他的禾苗长不快而把禾苗拔高的人，疲倦地回到家，告诉家里人说：'今天我累坏了，我帮助禾苗长高了。'他儿子赶紧跑去一看，禾苗都枯萎了。天下不拔苗助长的人太少了。以为没有什么益处而放弃的人，就是不给庄稼锄草的懒汉；而拔苗助长的人，他们这样做，不但没有好处，反而会伤害它。"

点评 对荣誉地位、功名利禄之类动不动心，是感情问题；培养高尚道德、坚定意志是理智问题。理智在一定程度上决定支配感情，但感情也会反过来影响理智。而养浩然之气，则是孟子调节意志和情感的方法。有了这种浩然之气，才能使理智和情感的配合达到一种理想的状态。

大丈夫

景春曰[1]："公孙衍、张仪岂不诚大丈夫哉[2]？一怒而诸侯惧，安居而天下熄。"

孟子曰："是焉得为大丈夫乎？子未学礼乎？丈夫之冠也[3]，父命之；女子之嫁也，母命之，往送之门，戒之曰：'往之女家[4]，必敬必戒，无违夫子！'以顺为正者，妾妇之道也。居天下之广居[5]，立天下之正位[6]，行天下之大道[7]；得志，与民由之；不得志，独行其道。富贵不能淫，贫贱不能移，威武不能屈，此之谓大丈夫。"（《孟子·滕文公下》）

注释 [1]景春：战国时纵横家。[2]公孙衍：战国时魏国人。张仪：战国时著名的纵横家。魏人，秦惠文君时曾为秦相。[3]冠：古代男子二十岁举行冠礼，标志成人。[4]女：同"汝"。[5]广居：宽大的住所。儒家用以喻仁。[6]正位：

中正之位，比喻礼。[7] 大道：比喻义。

译文 景春说："公孙衍和张仪，难道不是真正的大丈夫吗？他们一发怒，诸侯就害怕；他们安静，天下就太平无事。"

孟子说："这怎么能算大丈夫呢？你没有学过礼吗？男子行冠礼，父亲给他以训导；女子要出嫁，母亲给她以训导，告诫她说：'到了你自己的家，必须恭敬，必须谨慎，不要违抗丈夫。'以顺从为准则，这是妇女的为人之道。而男子则要住在仁这个天下最宽大的居所中，站在礼这个天下最中正的位置上，走在义这条天下最广阔的道路上。如果得志，就同人民一起沿着大道前进；如果不得志，就自己走自己的路。富贵不能扰乱我的心性，贫贱不能动摇我的意志，威武不能让我屈服，这才叫大丈夫！"

点评 "一怒而诸侯惧，安居而天下熄"确实威风八面，这种人生价值取向现在还能得到一些人的认同，但孟子认为这够不上大丈夫。仔细想来，像公孙衍、张仪对君主的顺从与古代妇女对丈夫的顺从也没有太大区别。孟子认为能够居于仁，立足于礼，躬行于义，不管是"兼善天下"还是"独善其身"，只要做到"富贵不能淫，贫贱不能移，威武不能屈"，那他就是大丈夫。

反求诸己

孟子曰："爱人不亲，反其仁；治人不治，反其智；礼人不答，反其敬——行有不得者皆反求诸己，其身正而天下归之。《诗》云：'永言配命，自求多福。'[1]"（《孟子·离娄上》）

注释 [1]"永言"二句：引自《诗经·大雅·文王》。言，语助词。配命：配合天命。

译文 孟子说："爱别人，别人却不亲近我，就该反过来问自己的仁爱够不够；治理百姓却没有治理好，就该反过来问自己的知识智慧够不够；待人有礼却得不到回应，就该反过来问自己的恭敬够不够——任何行为如果没有效果，都该反过来检讨自身；自身端正了，天下的人自会归服。《诗经》上说：'长久地配合天命，为自己求得更多幸福。'"

点评 孔子也说过："其身正，不令而行；其身不正，虽令不从。""躬自厚而薄责于人，则远怨矣。"与这里所说的道理是相通的。凡事多从自身找原因，有利于自己的德行修养和能力的提高。如果只强调客观原因而忽视反躬自问，进步的余地就小了。

自暴自弃

孟子曰："自暴者[1]，不可与有言也；自弃者，不可与有为也。言非礼义，谓之自暴也；吾身不能居仁由义，谓之自弃也。仁，人之安宅也；义，人之正路也。旷安宅而弗居，舍正路而不由，哀哉！"（《孟子·离娄上》）

注释 [1]暴：损害，糟蹋。

译文 孟子说："自己损害自己的人，不可能和他谈出什么有价值的话语；自己抛弃自己的人，不可能和他做出什么有价值的事业。言谈不符合礼和义，这就叫损害自己；自身不能居心于仁，不能遵循义行事，这就叫抛弃自己。仁，是人最安适的住宅；义是人最正确的道路。空着安适的住宅不去住，舍弃正路不去走，真是可悲啊！"

点评 由这段话形成了一个成语"自暴自弃"，意思是自甘堕落，不求进取。而在这段原话中，自暴自弃指自己不愿意居仁心，行正义，而且还做出破坏礼义的行为。一个人在社会上立足，应当让自己的精神、信仰有一个适当的家园，要选择好自己的人生之路。两千三百多年前的孟子就告诉我们，"自暴自弃"是可悲的事。

西子蒙不洁

孟子曰："西子蒙不洁[1]，则人皆掩鼻而过之；虽有恶人，斋戒沐浴[2]，则可以祀上帝。"（《孟子·离娄下》）

注释 [1] 西子：古代美人西施。[2] 斋戒：古人在祭祀前沐浴更衣、整洁身心，以示虔诚。

译文 孟子说："西施如果沾染了肮脏的东西，人们路过时也会掩鼻而过。即使一个丑陋的人，如果他斋戒沐浴，也可以祭祀上帝。"

点评 原本纯洁的灵魂如果沾染了不良的东西，仍会招人厌恶，所以人要远离不良的影响。原本并不美貌的人如果一心向善，上帝也会接受他，所以人要注重修养心性。

骄妻妾

齐人有一妻一妾而处室者。其良人出，则必餍酒肉而后反。其妻问所与饮食者，则尽富贵也。其妻告其妾曰："良人出，则必餍酒肉而后反；问其与饮食者，尽富贵也，而未尝有显者来，吾将瞷良人之所之也[1]。"

蚤起[2]，施从良人之所之，遍国中无与立谈者[3]。卒之东郭墦间，之祭者，乞其余；不足，又顾而之他——此其为餍足之道也。

其妻归，告其妾，曰："良人者，所仰望而终身也，今若此。"与其妾讪其良人，而相泣于中庭，而良人未之知也，施施从外来，骄其妻妾。

由君子观之，则人之所以求富贵利达者，其妻妾不羞也而不相泣者，几希矣。（《孟子·离娄下》）

注释 [1] 瞷，一作"瞰"，窥视。之：往。[2] 蚤：通"早"。[3] 国：泛指城邑。

译文 齐国有一个人家中有一妻一妾。她们的丈夫出外，一定是酒足饭饱才回来。妻子问他一起吃喝的都是谁，他说全是有钱有势的人物。他的妻子告诉妾说："丈夫每次外出，都是酒足饭饱才回家，问他跟谁吃喝，他说全是有钱有势的人物，可从没有显赫的人来过咱们家，我要偷偷看看丈夫去了哪里。"

次日清早起床，她尾随丈夫到他所到的地方，遍城的人没有一个停下来跟她丈夫说话的。最终来到了东郊的坟场里，他便走到上坟的人那里乞讨残羹剩饭；不够，又东张西望转向别处乞讨——这就是他酒足饭饱的办法。

他妻子回家后，告诉妾，说："丈夫，是我们仰望和终身依靠的人，如今他竟然是这样。"两人责骂丈夫，并一起在庭院中哭泣，而她们的丈夫还不知道，得意扬扬地从外面回来，在妻妾面前耍威风。

在君子看来，有些人用以追求升官发财的做法，能让妻妾不感到羞耻也不相对哭泣的，真是太少了。

点评　这段话的讽刺是辛辣而深刻的。在孟子的时代，奔走于有权有势者之门，不择手段地寻求升官发财的人，看起来冠冕堂皇，但背地里的卑劣下贱则少有人知。更让人厌恶的是，这样的人往往还在不明真相（或者他自己认为别人不明真相）的人面前得意扬扬，摆架子，耍威风。今天读这段文字，仍然能让我们觉得这位齐人似曾相识，说明孟子的讽刺在今天还有现实意义。

生于忧患，死于安乐

孟子曰："舜发于畎亩之中[1]，傅说举于版筑之间[2]，胶鬲举于鱼盐之中[3]，管夷吾举于士[4]，孙叔敖举于海[5]，百里奚举于市[6]。故天将降大任于是人也，必先苦其心志，劳其筋骨，饿其体肤，空乏其身，行拂乱其所为，所以动心忍性，曾益其所不能[7]。人恒过，然后能改；困于心，衡于虑，而后作；征于色，发于声，而后喻。入则无法家拂士[8]，出则无敌国外患者，国恒亡。然后知生于忧患而死于安乐也。"（《孟子·告子下》）

注释　[1] 发于畎亩：相传舜曾经耕种于历山。畎亩，田地，田野。[2] 傅说：殷商时贤臣，商王武丁的丞相。传说他曾在傅岩（一作傅险）筑城。武丁求贤臣良佐，在傅岩找到他，举以为相，国乃大治。版筑：两种筑土墙的工具。

[3] 胶鬲：相传为商末周初时人，曾贩卖鱼盐，在商朝官居少师，受周文王、周武王委托在商朝做内应，帮助武王推翻商纣王。[4] 管夷吾：即管仲，名夷吾，字仲。春秋时齐国人。曾为齐公子纠刺杀公子小白未果，小白即位，为齐桓公，迎管仲为相。士：古代指掌管刑狱的官员。[5] 孙叔敖：春秋时期楚庄王令尹，原隐居在海边。[6] 百里奚：春秋时期虞国大夫，虞灭后辗转至楚国。秦穆公听说他有贤才，遂以五张羊皮的代价将他赎出，任命他为秦国大夫。[7] 曾：同"增"。[8] 拂：通"弼"，辅佐。

译文 孟子说："舜兴起于田野之中，傅说在筑城工地上被找到提拔，胶鬲在贩卖鱼盐时被选拔上来，管夷吾从狱官手中释放后被提拔，孙叔敖从海边被选拔，百里奚从市场当中被选拔。所以，上天要让某个人担负重任，必定先要苦恼他的心志，劳累他的筋骨，让他的身体挨饿，让他本人穷困，让他所有的行为都不如意。这就可以使他心灵受到震撼，性格变得坚韧，才干得到增长。人经常有错，才能改正。心灵受困苦，思虑被阻塞，才能发愤而有所作为。表现在脸上，发出声音，别人才能了解他。国内如果没有合乎法度的大臣和辅弼朝政的士人，国外没有相与抗衡的敌国和外来的忧患，这样的国家通常会灭亡。这样就能懂得忧患能使人生存，安乐能使人死亡的道理了。"

点评 艰苦的环境锻炼人，在逆境中，心气郁结，奋发而起，就有可能开拓出一片新天地。所以，对逆境和忧患的体验，往往是人生的一笔宝贵财富。孟子的名言"故天将降大任于是人也，必先苦其心志，劳其筋骨，饿其体肤，空乏其身"对后世影响很大，曾激励了许多仁人志士在逆境中奋起。

操危虑深

孟子曰："人之有德、慧、术、知者，恒存乎疢疾[1]。独孤臣孽子[2]，其操心也危[3]，其虑患也深，故达。"（《孟子·尽心上》）

注释 [1] 疢疾：代指忧患。[2] 孽子：庶子，非嫡妻生的儿子，地位较低。[3] 危：不安。

译文 孟子说："人之所以有德行、智慧、技艺、知识，常常是由于他存有忧患。

只有那些不得重用的臣子和地位低贱的庶子，他们经常紧张警惕，对灾害考虑得深，所以才通达事理。"

点评 当我们遇到困难甚至身处逆境时，不要泄气，不要消沉，因为德行、知识、才能常常是在忧患中获得的。当然，这不是绝对的，在快乐的氛围中也可能获得知识、才能和好的道德品质，前提是要有忧患意识。

论君子

与人为善

孟子曰："子路，人告之以有过，则喜。禹，闻善言，则拜。大舜有大焉[1]，善与人同，舍己从人，乐取于人以为善，自耕稼、陶、渔以至为帝，无非取于人者。取诸人以为善，是与人为善者也。故君子莫大乎与人为善。"（《孟子·公孙丑上》）

注释 [1] 有：通"又"。

译文 孟子说："子路，别人指出他的过错，他就高兴。大禹听到有教益的话，就给人家行礼。大舜帝又更为了不得，做善事总是不分自己和别人，丢掉自己的缺点，学习人家的优点，非常高兴地吸取别人的长处来行善。他从种地、做陶器、捕鱼一直到做帝王，没有哪个时候不向别人学习。吸取别人的长处来行善，也就是与别人一起行善。所以君子的最高德行就是与别人一起行善。"

点评 不仅自己做好事，还要同周围的人一起做好事，这是更高的德行标准。

辞受之道

陈臻问曰[1]："前日于齐，王馈兼金一百而不受[2]；于宋，馈七十镒而受；于薛，馈五十镒而受。前日之不受是，则今日之受非也；今日之受是，则前日之不受非也。夫子必居一于此矣。"

孟子曰："皆是也。当在宋也，予将有远行，行者必以赆；辞曰：'馈赆。'予何为不受？当在薛也，予有戒心；辞曰：'闻戒，故为兵馈之。'予何为不受？若于齐，则未有处也。无处而馈之，是货之也。焉有君子而可以货取乎？"（《孟子·公孙丑下》）

注释 [1]陈臻：孟子弟子。[2]兼金：价值两倍于常金的好金子（古代金银铜都叫金）。一百：指一百镒。每镒为二十两。

译文 陈臻问道："以前在齐国，齐王送给您上等金一百镒，您不接受；到了宋国，宋君送给您七十镒，您接受了；在薛，薛君送给您五十镒，您也接受了。如果以前的不接受是对的，那后来的接受就是错的；如果后来的接受是对的，那以前的不接受就是错的。老师您总有一次是错的吧。"

孟子说："都是对的。当在宋国的时候，我将远行，对远行的人理应送些盘缠。宋君说：'送上一点盘缠。'我为什么不接受呢？当在薛地的时候，我听说路上有危险，需要戒备。薛君说：'听说您需要戒备，所以送上一点钱买兵器。'我为什么不接受呢？至于在齐国，则没有什么理由。没有理由却要送钱给我，这等于是用钱来收买我。哪里有君子可以拿钱收买的呢？"

点评 陈臻的推论在逻辑上似乎有道理，但没有对具体问题作具体分析。在上面的文字中，孟子最后一句话是关键：正常的人情往来是可以的，但不能借人情往来收买别人，君子不接受这种收买。在今天，一个人如果懂得不拿不明不白的钱，那他就可能为自己免去一些祸患，而且离君子近了一步。

君子有三乐

孟子曰："君子有三乐，而王天下不与存焉。父母俱存，兄弟无故，一乐也；仰不愧于天，俯不怍于人，二乐也；得天下英才而教育之，三乐也。君子有三乐，而王天下不与存焉。"（《孟子·尽心上》）

译文 孟子说："君子有三种快乐，但称王天下不包括在内。父母亲都健在，兄弟都平安，是第一种快乐；仰头无愧于天，低头无愧于人，这是第二种快乐；得到天下的优秀人才并教导培育他们，这是第三种快乐。君子有三种快乐，但称王天下不包括在内。"

点评　父母健在，家人平安，这是接近人性的追求。无愧于天，无愧于人，则进了一步，上升到了道德修养的层面。"得天下英才而教育之"则更高尚。孟子把满足这些追求的快乐看得比功名利禄甚至称王天下更重要，这就是君子和非君子的差别。

守约施博

孟子曰："言近而指远者，善言也；守约而施博者，善道也。君子之言也，不下带而道存焉[1]；君子之守，修其身而天下平。人病舍其田而芸人之田[2]，所求于人者重，而所以自任者轻。"（《孟子·尽心下》）

注释　[1] 不下带：在衣带以上，指眼前容易看见的地方。[2] 芸：通"耘"，除草。

译文　孟子说："言语浅近而意义深远的，是善言；操守简要而效果广大的，是善道。君子所说的话，讲的都是眼前的平常事，而道就在其中；君子的操守，从修养自身开始而能使天下太平。人的毛病是丢下自己的田而去除别人田里的草，要求别人的很重，而自己担负的却很轻。"

点评　大道理往往蕴藏在日常生活习见的小事当中，讲大道理的话不一定惊世骇俗，有些被认为是老生常谈的话，其实包含着颠扑不破的真理。深厚的修养往往表现在小事上，做出惊天动地的大事业、青史留名的人毕竟是少数。在平凡的生活中，从一点一滴做起，未尝不是君子。

论 义

仁义而已

孟子见梁惠王[1]。王曰:"叟!不远千里而来,亦将有以利吾国乎?"

孟子对曰:"王!何必曰利?亦有仁义而已矣。王曰:'何以利吾国?'大夫曰:'何以利吾家[2]?'士庶人曰:'何以利吾身?'上下交征利而国危矣。万乘之国[3],弑其君者,必千乘之家;千乘之国,弑其君者,必百乘之家。万取千焉,千取百焉,不为不多矣。苟为后义而先利,不夺不餍。未有仁而遗其亲者也,未有义而后其君者也。王亦曰仁义而已矣,何必曰利?"(《孟子·梁惠王上》)

注释 [1] 梁惠王:就是魏惠王,战国时魏国国君。[2] 家:卿大夫的封地。[3] 万乘:万辆兵车,此指能出兵车万乘的大国。

译文 孟子进见梁惠王。梁惠王说:"老先生!你不远千里而来,一定会对我的国家有利益吧?"

孟子回答说:"大王!何必说利益呢?只要说仁义就行了。国君说:'怎样使我的国家有利?'大夫说:'怎样使我的封地有利?'一般士人和老百姓说:'怎样使我自身有利?'结果是上上下下互相争夺利益,国家就危险了啊!一个拥有万辆兵车的大国,杀害它国君的人,一定是拥有千辆兵车的大夫;一个拥有千辆兵车的邦国,杀害它国君的人,一定是拥有百辆兵车的大夫。这些大夫在万辆兵车的国家中就拥有一千辆,在千辆兵车的国家中就拥有一百辆,他们拥有的不能说不多。可是,如果把义放在后而把利摆在前,他们不夺得国君的地位就不会满足。没有讲仁的人却抛弃父母的,也没有讲义的人却不顾君王的。所以,大王只说仁义就行了,何必说利呢?"

点评 梁惠王关心的是如何有利于他的国家,而孟子认为,正是把利益放在第一位,国家才有危险。只有重视仁义,建立人与人之间相互亲爱的关系,才能维持上下秩序,使社会安定。否则,诸侯可能连性命都保不住,国家就更难说了。

舍生取义

孟子曰:"鱼我所欲也,熊掌亦我所欲也;二者不可得兼,舍鱼而取熊掌者也。生亦我所欲也,义亦我所欲也;二者不可得兼,舍生而取义者也。

"生亦我所欲,所欲有甚于生者,故不为苟得也;死亦我所恶,所恶有甚于死者,故患有所不辟也。如使人之所欲莫甚于生,则凡可以得生者,何不用也?使人之所恶莫甚于死者,则凡可以辟患者,何不为也?由是则生而有不用也,由是则可以辟患而有不为也,是故所欲有甚于生者,所恶有甚于死者。非独贤者有是心也,人皆有之,贤者能勿丧耳。

"一箪食,一豆羹,得之则生,弗得则死,呼尔而与之,行道之人弗受;蹴尔而与之,乞人不屑也;万钟不辩礼义而受之[1]。万钟于我何加焉?为宫室之美、妻妾之奉、所识穷乏者得我与?乡为身死而不受,今为宫室之美为之;乡为身死而不受,今为妻妾之奉为之;乡为身死而不受,今为所识穷乏者得我而为之,是亦不可以已乎?此之谓失其本心。"(《孟子·告子上》)

注释 [1]万钟:指优厚的俸禄。钟,古代容量单位。

译文 孟子说:"鱼,是我想要的,熊掌,也是我想要的,这二者不能同时得到,就舍弃鱼而要熊掌。生命,是我想要的,义,也是我想要的,这二者不能同时得到,那就牺牲生命而选取义。

"生命是我想要的，但还有比生命更想要的东西，我就不苟且偷生。死亡亦是我所厌恶的，但还有比死亡更厌恶的东西，所以有的灾难我不躲避。如果想要的东西没有超过生命的，那么所有求生的手段，哪有不使用的呢？如果厌恶的东西没有超过死亡的，那么所有可以避开灾患的手段，哪有不使用的呢？用某种手段就能生存却不用，用某种手段就能避开灾害却不用，是因为有比生命更值得喜欢的东西，有比死亡更值得厌恶的东西。不仅贤人有这样的心思，人人都有，只不过贤人能保持住。

"一筐饭，一碗汤，得到它就能活，得不到会死，大声叫喊着给他，过路的饿人都不会接受；用脚踩过再给人，连乞丐都不屑一顾；而万钟的厚禄有人却不问是否合乎礼义就接受了。这万钟的厚禄对我有什么好处呢？为了宫室的华丽，为了妻妾的侍奉，为了认识的贫苦人感激我吗？过去宁死都不接受，如今为了宫室的华丽而接受了；过去宁死都不接受，如今为了妻妾的侍奉而接受了；过去宁死都不接受，如今为了认识的贫苦人感激我而接受了，这样的事难道不该罢手吗？这样做就叫作丧失了本性。"

点评 生活中经常会遇到两难的选择，这时就要权衡轻重，明白什么是自己最想要的。贪生恶死是动物的本性，但人不同于其他动物，人是有尊严，有道德操守的。有的人为了活命，不惜背叛自己的信仰、理想，不惜自己的人格受到侮辱。也有人为了正义的事业、崇高的信仰舍生忘死。前一种人即使活下来了，也无意义，有时甚至生不如死；后一种人则会永远活在后人心里。至于"为宫室之美、妻妾之奉"而放弃信仰尊严的人，就更值得唾弃，不值一提了。

怀仁义以相接

宋牼将之楚[1]，孟子遇于石丘[2]，曰："先生将何之？"曰："吾闻秦楚构兵，我将见楚王说而罢之。楚王不悦，我将见秦王说而罢之。二王我将有所遇焉[3]。"

曰："轲也请无问其详，愿闻其指。说之将何如？"

曰:"我将言其不利也。"

曰:"先生之志则大矣,先生之号则不可。先生以利说秦楚之王,秦楚之王悦于利,以罢三军之师,是三军之士乐罢而悦于利也。为人臣者怀利以事其君,为人子者怀利以事其父,为人弟者怀利以事其兄,是君臣、父子、兄弟终去仁义,怀利以相接,然而不亡者,未之有也。先生以仁义说秦楚之王,秦楚之王悦于仁义,而罢三军之师,是三军之士乐罢而悦于仁义也。为人臣者怀仁义以事其君,为人子者怀仁义以事其父,为人弟者怀仁义以事其兄,是君臣、父子,兄弟去利,怀仁义以相接也,然而不王者,未之有也。何必曰利?"(《孟子·告子下》)

注释 [1] 宋轻:人名,又称宋荣,宋荣子,宋国人。[2] 石丘:宋国地名。[3] 遇:谓求得一致。

译文 宋轻要到楚国去,孟子在石丘遇见了他,就问:"先生要到哪里去?"

宋轻说:"我听说秦、楚两国要交兵,我准备去见楚王劝说他罢兵;如果楚王不高兴,我就准备去见秦王劝说他罢兵。这两个君王中我总会遇见意见相合的。"

孟子说:"我不想问你详细的情况,我只想请问你的大体意思,你要怎样劝说呢?"

宋轻说:"我会说打仗是不利的。"

孟子说:"先生的志向很大,但先生这个说法却不行。先生以利益劝说秦王和楚王,秦王楚王因为有利益而高兴,从而停止三军的行动,这就使三军官兵愿意罢兵,因此而喜欢利益。当臣子的心怀利益来侍奉国君,做儿女的心怀利益来侍奉父母,做弟弟的心怀利益来侍奉兄长,这就使君臣、父子、兄弟之间完全舍弃仁义,心怀求利的目的来相互对待,这样做而国家不灭亡,是没有的事。先生如果以仁义来劝说秦王楚王,秦王楚王就会乐于仁义,而停止三军的行动,这会使三军官兵愿意罢兵,因此而喜欢仁义。做臣子的心怀仁义来侍奉国君,做儿女的心怀仁义来侍奉父母,做弟弟的心怀仁义来侍奉兄长,就会使君臣、父子、兄弟之间抛弃求的观念，心怀仁义相互对待，如此国家还不兴旺，也是没有的事。为什么一定要讲'利'？"

点评 这一段仍然说"利"和"仁义"的关系。其实，利益不是不能谈，更不是不应当追求。关键是看追求的是谁的利益，是眼前利益还是长远利益。孟子也反对穷兵黩武，反对君主们为自己的利益发动战争，给百姓带来痛苦。如果他所提倡的仁义能避免战争，使民众安居乐业，这就符合大多数人的根本利益、长远利益，这又何尝不是一种"利"呢？

穷不失义

孟子谓宋勾践曰[1]："子好游乎？吾语子游。人知之，亦嚣嚣[2]；人不知，亦嚣嚣。"

曰："何如斯可以嚣嚣矣？"

曰："尊德乐义，则可以嚣嚣矣。故士穷不失义，达不离道。穷不失义，故士得己焉；达不离道，故民不失望焉。古之人，得志，泽加于民；不得志，修身见于世。穷则独善其身，达则兼善天下。"（《孟子·尽心上》）

注释 [1]宋勾践：当为人名，其他情况不详。[2]嚣嚣：悠然自得的样子。

译文 孟子对宋勾践说："你喜欢游说各国君主吗？我告诉你游说的态度吧。别人了解我，我表现出悠然自得的样子；别人不了解我，我也表现出悠然自得的样子。"

宋勾践说："怎么样才能做到悠然自得呢？"

孟子说："尊崇德，喜欢义，就可以做到悠然自得了。所以士人穷困时也不失去义，得意时也不离开道。穷困也不失去义，所以能悠然自得。得意了也不偏离道，所以百姓不会失望。古时候的人，如果得志，就会惠泽万民；如果不得志，就修养自身品德以现于世间。穷困时就独善其身，得志时则兼善天下。"

点评 有的人失意时悲观消沉，或者怨天尤人，得志时趾高气扬，甚至飞扬跋扈。而孟子给我们指出的人生态度是"穷则独善其身，达则兼善天下"，且不管穷达，都能悠然自得，这就是加强自身修养，心怀道义的结果。能达到这种境界，对自己，对周围的人，都有莫大的好处。

士尚志

王子垫问曰[1]："士何事[2]？"孟子曰："尚志。"曰："何谓尚志？"曰："仁义而已矣。杀一无罪非仁也，非其有而取之非义也。居恶在？仁是也。路恶在？义是也。居仁由义，大人之事备矣。"（《孟子·尽心上》）

注释 [1]王子垫：齐王之子，名垫。[2]士：古代诸侯国设上士、中士、下士，"士"的地位次于大夫。后泛指诸侯的臣僚、各级官吏。

译文 王子垫问："士人做什么事呢？"孟子说："使自己的志向高尚。"王子垫又问："怎么使志向高尚呢？"孟子说："推行仁义而已。杀一个无罪的人就不仁，不是自己的东西却拿了就是不义。一个人应该居住的地方在哪里？仁就是。应该走的道路在哪里？义就是。居住在仁，行走在义，大人的事也就具备了。"

点评 孟子不止一次用居所比喻仁，用道路比喻义。这是把仁作为道德修养的准则，用义规范日常言行的方式。古人的仁和义当然带有时代的烙印，但在今天看来，与周围的人建立互爱互助的友善关系，说话做事符合正确的道义规范，仍然是应当提倡的。

论政治

王道之始

梁惠王曰[1]："寡人之于国也，尽心焉耳矣。河内凶[2]，则移其民于河东，移其粟于河内。河东凶亦然。察邻国之政，无如寡人之用心者。邻国之民不加少，寡人之民不加多，何也？"

孟子对曰："王好战，请以战喻。填然鼓之，兵刃既接，弃甲曳兵而走。或百步而后止，或五十步而后止。以五十步笑百步，则何如？"

曰："不可，直不百步耳，是亦走也。"

曰："王如知此，则无望民之多于邻国也。不违农时，谷不可胜食也；数罟不入洿池，鱼鳖不可胜食也；斧斤以时入山林，材木不可胜用也。谷与鱼鳖不可胜食，材木不可胜用，是使民养生丧死无憾也。养生丧死无憾，王道之始也[3]。

"五亩之宅[4]，树之以桑，五十者可以衣帛矣。鸡豚狗彘之畜，无失其时，七十者可以食肉矣。百亩之田，勿夺其时，数口之家可以无饥矣。谨庠序之教，申之以孝悌之义，颁白者不负戴于道路矣。七十者衣帛食肉，黎民不饥不寒，然而不王者，未之有也。

"狗彘食人食而不知检，涂有饿莩而不知发；人死，则曰：'非我也，岁也。'是何异于刺人而杀之，曰：'非我也，兵也。'王无罪岁，斯天下之民至焉。"（《孟子·梁惠王上》）

注释 [1]梁惠王：即魏惠王，名䓨，战国时魏国国君。[2]河内：今河南境内黄河以北的地方。[3]王道：儒家提出的一种以仁义治天下的政治主张，与霸道相对。[4]五亩：先秦时五亩约合现在一亩二分多。

译文 梁惠王说："我对国家的治理，真是尽心竭力了！黄河以南遭了灾荒，就把那里的灾民移往黄河以东，把别处的粮食运到黄河以南。河东遭了灾荒也是这样做的。看看邻国的政治，没有像我这样尽心尽力的。可是，邻国的百姓并没减少，我的百姓并没增多，这是什么缘故呢？"

孟子回答道："大王喜欢打仗，就让我用打仗来打个比方吧。战鼓咚咚敲响，刀枪一接触，战败的士兵丢盔弃甲拖着武器逃跑，有的跑了一百步才停住脚，有的跑了五十步就停住脚。跑了五十步的人因此就去讥笑跑了一百步的人胆子小,您觉得行不行呢?"

梁惠王说:"不行。他只不过没有逃跑到一百步而已,可是这也同样是逃跑啊!"

孟子说:"大王懂得这个道理,就不该指望您的百姓比邻国多啦。只要农忙时不征工征兵,粮食就吃不完;密孔的渔网不入池沼捕鱼,鱼类水产就吃不完;砍伐林木有定时,那木材便用不完。粮食和鱼类吃不完,木材用不完,这就能使老百姓对养活家小葬送死者没有什么不满了。老百姓养生送死没有不满,这就是王道的开始。

"五亩大的宅园,种上桑树,上了五十岁的人就能穿丝绸了;鸡鸭猪狗不失时节地繁殖饲养,上了七十岁的人就能有肉吃了。一户人家所种百亩田地,不妨碍他们按时耕种,数口之家就不会饿肚子了。办好乡村学校,反复强调孝悌的道理,须发花白的老人们就不再会肩挑头顶,奔波在道路上了。年满七十岁的人能穿上丝绸、吃上肉,老百姓饿不着冻不着,做到了这些却不能称王于天下的事,从未有过。"

"现在,富贵人家的猪狗吃的是人的食物,却不知道制止,路上有饿死的人却不知道开仓赈济饥民。百姓死了,竟然说:'不是我的罪过,是年成不好的缘故。'这和拿刀把人杀了,却说'不怪我,怪刀'有什么两样呢?大王您要能不归罪于荒年,这样,天下的百姓便会来投奔您了。"

点评 梁惠王认为自己已经尽心竭力地为民众着想了,可是孟子用"五十步笑百步"的比喻,一针见血地说明梁惠王和某些昏庸的君主没有本质上的差别。因为在孟子看来,只有实行仁政,推行"王道",才是理想的治国方法。

不为与不能

(孟子)曰:"有复于王者曰[1]:'吾力足以举百钧[2],而不足以举一羽;明足以察秋毫之末,而不见舆薪。'则王许之乎?"

(齐宣王)曰:"否。"

"今恩足以及禽兽,而功不至于百姓者,独何与?然则一羽之不举,为不用力焉;舆薪之不见,为不用明焉;百姓之不见保,为不用恩焉。故王之不王,不为也,非不能也。"

(齐宣王)曰:"不为者与不能者之形何以异?"

曰:"挟太山以超北海,语人曰:'我不能。'是诚不能也。为长者折枝[3],语人曰:'我不能。'是不为也,非不能也。故王之不王,非挟太山以超北海之类也;王之不王,是折枝之类也。

"老吾老,以及人之老;幼吾幼,以及人之幼,天下可运于掌。《诗》云:'刑于寡妻,至于兄弟,以御于家邦[4]。'言举斯心加诸彼而已。故推恩足以保四海,不推恩无以保妻子。古之人所以大过人者,无他焉,善推其所为而已矣。今恩足以及禽兽,而功不至于百姓者,独何与?

"权,然后知轻重;度,然后知长短。物皆然,心为甚。王请度之!"(《孟子·梁惠王上》)

注释 [1] 王:指齐宣王,齐国国君。[2] 钧:古代重量单位,三十斤为一钧。[3] 折枝:折取草茎树枝,喻轻而易举。一说为按摩。一说为折腰,"枝"通"肢"。[4] "刑于"三句:引自《诗经·大雅·思齐》。刑,同"型",指树立榜样。寡妻,国君的正妻。御,治理。

译文 孟子说:"假如有人向您报告说:'我的力气能举起三千斤,却拿不起一根羽毛;视力能够看清秋天鸟兽细毛的末梢,却看不见眼前的一车柴草。'大王您会信他的话吗?"

宣王说:"我不信。"

孟子立刻接着说:"如今大王您的恩惠能够施及鸟兽,却不能够施及百姓,却是为什么呢?一根羽毛拿不起,是不愿用力的缘故;一车柴草看不见,是不愿用眼睛的缘故;老百姓不能安居乐业,是君王不愿施恩惠的缘故。所以大王您没能够行仁政在天下称王,是不愿做,而不是做不到。"

宣王说:"不愿做和做不到有什么不同呢?"

孟子说:"把泰山夹在腋下跳过北海,告诉人说:'我做不到。'这是真的做不到。为老年人折一根树枝,告诉人说:'我做不到。'这是不愿做,而不是做不到。大王您没能行仁政在天下称王,不属于夹着泰山跳北海一类,而是属于为老年人折树枝一类。

"尊敬自家的老人,从而推广到尊敬别人家的老人;爱护自家的儿女,从而推广到爱护别人家的儿女。能这样的话,治理天下便会像在自己的手掌心里运转一样容易了。《诗经》说:'先给妻子做榜样,再推广到兄弟,治理好家族和国家。'说的就是要把这样的好心推广到其他方面。所以,推广恩德足以安定天下,不推广恩德连自己的妻子儿女都保不了。古代的圣贤之所以能远远超过一般人,没有别的,不过是善于推广他们的好行为而已。如今大王的恩惠能够施及鸟兽,却不能施及百姓,这是为什么呢?

"称一称才知道轻重,量一量才知道长短,什么东西都是如此,人心更是这样。请大王考虑考虑吧!"

点评 保民和推行仁政是孟子的一贯思想,本篇也体现了这种思想,这在当时是符合人民群众的愿望和要求的。这段文字还体现了《孟子》雄辩的特点,笔锋犀利,善于争取论辩的主动权,采取了比喻、引证方法,很有说服力。

行仁政

邹与鲁哄[1]。穆公问曰[2]:"吾有司死者三十三人,而民莫之死也。诛之,则不可胜诛;不诛,则疾视其长上之死而不救,如之何则可也?"

孟子对曰:"凶年饥岁,君之民老弱转乎沟壑,壮者散而之四方者,几千人矣;而君之仓廪实,府库充,有司莫以告,是上慢而残下也。曾子曰[3]:'戒之戒之!出乎尔者,反乎尔者也。'夫民今而后得反之也。君无尤焉!君行仁政,斯民亲其上,死其长矣。"(《孟

子·梁惠王下》）

注释 [1] 邹：当时的一个小国，在今山东邹城一带。[2] 穆公：应当是邹穆公。[3] 曾子：孔子弟子曾参。

译文 邹国与鲁国打了一仗。邹穆公对孟子说："我的官吏死了三十三个，而百姓却没有一个为保护他们而牺牲的。杀他们吧，杀不了那么多；不杀吧，又实在恨他们看着长官被杀而不去营救。到底怎么办才好呢？"

孟子回答说："灾荒年，您的老百姓年老体弱的弃尸于山沟，年轻力壮的四处逃荒，这样的人有上千了吧；而您的粮仓里堆满粮食，货库里装满财宝，官吏们没有谁向您报告老百姓的情况，这是官员工作怠慢以致残害百姓的表现。曾子说：'警惕啊，警惕啊！你怎样对待别人，别人也会怎样对待你。'现在就是老百姓报复他们的时候了。您不要指责百姓吧！只要您施行仁政，老百姓自然就会亲近他们的上级，愿意为他们的长官而牺牲了。"

点评 水可载舟，亦可覆舟，这是自古就有人明白的道理。爱民的统治者能得到民众的拥护爱戴，不爱民甚至害民的统治者只能招来民众的怨恨。如果官民关系紧张到一定程度，老百姓恐怕不仅是见死不救，甚至会联合起来，推翻统治者，这样的事在历史上也并不少见。

得道者多助

孟子曰："天时不如地利[1]，地利不如人和[2]。三里之城，七里之郭，环而攻之而不胜。夫环而攻之，必有得天时者矣；然而不胜者，是天时不如地利也。城非不高也，池非不深也，兵革非不坚利也，米粟非不多也，委而去之，是地利不如人和也。故曰：域民不以封疆之界[3]，固国不以山溪之险，威天下不以兵革之利。得道者多助[4]，失道者寡助[5]。寡助之至，亲戚畔之[6]；多助之至，天下顺之。以天下之所顺，攻亲戚之所畔，故君子有不战，战必胜矣。"（《孟子·公孙丑下》）

注释 [1] 天时：宜于做某事的自然气候条件。地利：地理优势。[2] 人和：人事和谐，民心和乐。[3] 域：界限，封闭。[4] 得道：符合道义。[5] 失道：失去准则，违背道义。[6] 亲戚：与自己有血缘或婚姻关系的人。

译文 孟子说："天时不如地利，地利不如人和。例如有每边内城墙三里长、外城墙七里长的小城，四面围攻都攻不破。既然四面围攻，总有遇到天时的时候，还是攻不破，这说明天时不如地利。再例如城墙不是不高，护城河不是不深，兵器甲胄不是不锋利坚固，粮草也不是不充足，但被攻时还是弃城逃跑了，这说明地利不如人和。所以我说：限制百姓不必靠国家的疆界，巩固国防不必靠山川险阻，扬威天下也不必靠锐利的兵器。得道者获得的帮助就多，失道者得到的帮助就少。帮助的人少到极点时，连家人亲属也会叛离他；帮助的人多到极点时，全天下的人都会顺从他。以全天下人都顺从的力量去攻打连家人亲属都会叛离的人，仁君圣主不打仗则已，若打仗就会无往不胜了。"

点评 这段话以战争为例论述天时、地利、人和三者之间的关系，所讲的道理其实不仅表现在战争方面，在很多时候也适用于其他方面。要想把事情做成，这三方面的条件都很重要，而孟子的观点是"天时不如地利，地利不如人和"，对此不能机械地看。孟子在这里强调的是人的因素的重要性，强调事在人为。"得道多助，失道寡助"才是孟子要表达的主要观点，要行仁政，获得民众的拥护，这样即使在客观条件不利的情况下也会取得成功。

驳许行君民并耕之说

（孟子曰：）"然则治天下独可耕且为与[1]？有大人之事，有小人之事。且一人之身，而百工之所为备，如必自为而后用之，是率天下而路也。故曰：或劳心，或劳力；劳心者治人，劳力者治于人；治于人者食人，治人者食于人，天下之通义也。

"当尧之时，天下犹未平，洪水横流，泛滥于天下，草木畅茂，禽兽繁殖，五谷不登，禽兽逼人，兽蹄鸟迹之道交于中国。尧独忧之，举舜而敷治焉。舜使益掌火[2],益烈山泽而焚之,禽兽逃匿。禹疏九河,瀹济漯而注诸海,决汝汉,排淮泗而注之江,然后中国可得而食也。当是时也,禹八年于外,三过其门而不入,虽欲耕,得乎?

"后稷教民稼穑[3],树艺五谷。五谷熟而民人育。人之有道也:饱食、暖衣、逸居而无教,则近于禽兽。圣人有忧之,使契为司徒[4],教以人伦:父子有亲,君臣有义,夫妇有别,长幼有叙,朋友有信。放勋曰[5]:'劳之来之,匡之直之,辅之翼之,使自得之,又从而振德之。'圣人之忧民如此,而暇耕乎?

"尧以不得舜为己忧,舜以不得禹、皋陶为己忧[6]。夫以百亩之不易为己忧者,农夫也。分人以财谓之惠,教人以善谓之忠,为天下得人者谓之仁。是故以天下与人易,为天下得人难,孔子曰:'大哉尧之为君!惟天为大,惟尧则之,荡荡乎民无能名焉!君哉舜也!巍巍乎有天下而不与焉!'尧舜之治天下,岂无所用其心哉?亦不用于耕耳。"(《孟子·滕文公上》)

注释 [1]"然则"句:农家人物许行认为贤君应当与百姓一起耕种,人的所有生活所需都应当是自己生产出来的。他用的农具炊具不是自己做的,是用自己生产的粮食换来的,那是因为做这些东西妨碍耕种,所以不能一边耕种一边生产农具、炊具等。所以孟子才有这样的反问。[2]益:舜的大臣。[3]后稷:周族的先祖。被舜命为农官,教给百姓种庄稼。[4]契:舜的大臣。司徒:掌管国家的土地和人民的教化的官。[5]放勋:帝尧的名字。[6]皋陶:传说中虞舜时的司法官。

译文 "那么治理国家就偏偏可以一边耕种一边做了吗?官吏有官吏的事,百姓有百姓的事。况且,每个人都必须要各种工匠生产的生活资料齐备了才能生活,如果样样东西都要自己亲手做才能使用,那就要率领天下的人疲于奔命。所以说:有的人劳动脑力,有的人劳动体力;劳动脑力的人统治别人,劳动体力的人被别人统治;被统治者养活别人,统治者靠别人养活。这是通行天下的原则。

"当尧那个时代,天下还未安定,洪水成灾,四处泛滥,草木茂盛地生长,禽兽大量繁殖,谷物没有收成,禽兽危害人类,中原大地到处都是它们的爪迹蹄印。尧一个人为此担忧,提拔舜出来治理。舜派益掌管用火,益便用烈火焚烧山野沼泽的草木,禽兽四散逃避。大禹疏通多条河道,治理济水、漯水,引水流入大海;挖掘汝水、汉水,疏通淮水、泗水,引水流进长江。这样中原大地才得以耕种。当时,禹八年在外,多次经过自己的家门都不进去,即便他想亲自种地,能做到吗?

"后稷教百姓耕种收获,种植五谷,五谷成熟了百姓才得到养育。作为人类有做人的道理:吃饱了,穿暖了,住得安逸了,如果没有教化,那就和禽兽差不多了。圣人又为此担忧,派契做司徒,用人与人之间应有的伦常关系和道理来教育百姓——父子间有亲情,君臣间有道义,夫妻间有内外之别,老少间有尊卑之序,朋友间讲究诚信。尧说道:'督促他们勤劳,招他们来归附,纠正他们,辅助他们,使他们各得其所,再进一步提高他们的品德。'圣人为老百姓操心到这样辛苦,难道还有闲空耕田吗?

"尧把得不到舜这样的人才作为自己的忧虑,舜把得不到禹和陶这样的人才作为自己的忧虑。那些把自己那块田种不好作为自己忧虑的,是农夫。把钱财分给别人叫作惠,把好的道理教给别人叫作忠,为天下发现人才叫作仁。所以把天下让给人容易,为天下发现人才却很难。孔子说:'尧做天子真是伟大!只有天最伟大,只有尧能效法天,他的圣德宽广博大,老百姓找不到恰当的词语赞美他!舜是个真正的天子!拥有了天下,崇高伟大,却不把天下占为私有!'尧和舜治理天下,难道不用心思吗?只不过不用在耕田种地上罢了。"

点评 孟子在这里主要批驳了农家关于贤君应当与百姓"并耕而食"的说法。农家的观点从表面上看有一定的吸引力,但却是行不通的。而孟子的观点实际上讲的是社会分工的必要性。社会分工是人类文明发展到一定阶段的必然规律,在古代就不可能自己生产所有自己需要的东西,在今天,我们更不可能自己造一台电视机来看或自己造一辆汽车来开。不过孟子把统治与被统治的关系与脑力劳动和体力劳动的分工杂糅到一起，把脑力劳动者与统治者等同起来，这就不对了。

得天下有道

孟子曰："桀纣之失天下也，失其民也；失其民者，失其心也。得天下有道：得其民，斯得天下矣。得其民有道：得其心，斯得民矣。得其心有道：所欲与之聚之[1]，所恶勿施，尔也[2]。民之归仁也，犹水之就下、兽之走圹也。故为渊驱鱼者，獭也；为丛驱爵者[3]，鹯也[4]；为汤武驱民者，桀与纣也。今天下之君有好仁者，则诸侯皆为驱矣。虽欲无王，不可得已。今之欲王者，犹七年之病求三年之艾也[5]。苟为不畜，终身不得。苟不志于仁，终身忧辱，以陷于死亡。《诗》云：'其何能淑，载胥及溺。'[6]此之谓也。"（《孟子·离娄上》）

注释 [1]与：为，替。[2]尔：这样。[3]爵：同"雀"。[4]鹯：猛禽名。又名晨风。似鹞，羽色青黄，以鸠鸽燕雀为食。[5]艾：即艾蒿。一种菊科的多年生草本植物，叶制成艾绒，供灸疗用。晾干后存放得久则疗效更好，所以这里用"三年之艾"为喻。[6]"其何"二句：引自《诗经·大雅·桑柔》。淑：善，好。载：就，则。胥：皆，都。

译文 孟子说："夏桀、商纣的丧失天下，是由于失去了百姓的拥护；他们失去百姓的拥护，是由于失去了民心。取得天下是有一定方法的：得到百姓的拥护，就会得到天下。获得百姓的拥护也是有一定方法的：得到百姓的心，就会得到百姓的拥护。获得民心也是有一定的方法的：他们想要的就要为他们聚集起来，他们厌恶的就不要强加给他们，不过如此而已。人民之归向于仁政，就像水向低处流，野兽往旷野里跑一样。所以，替深渊把鱼驱赶来的，是水獭；替森林把鸟儿驱赶来的，是鹯鹰；替汤王和武王把百姓驱赶来的，是夏桀和商纣王。现今天下若有施行仁政的国君，那么别的诸侯就会替他把百姓驱赶来了。即使他不想称王天下，也是做不到的。而当前一些希望称王天下的人，就好像生了七年的病必须用三年的陈艾来医治一样，如果平时不积蓄收藏，一辈子都得不到。如果不想实行仁政，就会一辈子忧患受辱，以至于死亡的。《诗经》上说：'国事怎样才能办好？办不好大家都会落水灭顶。'说的就是这个道理。"

点评 得民心者得天下，失民心者失天下，这是一条为无数历史事实证明了的真理。孟子认为，要得民心，就要实行仁政，只有想民众所想，急民众所需，才能获得老百姓的拥护支持，这个道理也是被实践证明了的。这段话还是成语"为渊驱鱼，为丛驱雀"的出处，这条成语现在还用来表示不善于团结或笼络人，把本来可以依靠的人驱赶到敌对方面去了。

民为贵

孟子曰："民为贵，社稷次之[1]，君为轻。是故得乎丘民而为天子[2]，得乎天子为诸侯，得乎诸侯为大夫。诸侯危社稷[3]，则变置，牺牲既成，粢盛既絜[4]，祭祀以时，然而旱干水溢，则变置社稷。"（《孟子·尽心下》）

注释 [1] 社稷：古代帝王、诸侯所祭的土神和谷神。社，土神；稷，谷神。[2] 丘：众。[3] 社稷：指代国家。[4] 粢盛：古代盛在祭器内以供祭祀的谷物。絜：通"洁"。

译文 孟子说："百姓最重要，土神和谷神次之，君主为轻。因此，得到众民的喜欢就可以成为天子，得到天子的喜欢就可以成为诸侯，得到诸侯的喜欢就可以成为大夫。诸侯危害国家，就改立诸侯。祭祀用的牲畜已经长成，祭祀用的粮食已经洁净，也按时祭祀了，但仍发生旱灾水灾，那么就改立土神谷神。"

点评 这段话又一次强调了百姓对国家的重要性，百姓比君主重要，比君主卿大夫们重视的土谷神重要。"民贵君轻"成了名言，对后世影响很大，千百年来广为流传，为人们所引用。

论古人

先圣后圣

孟子曰:"舜生于诸冯,迁于负夏,卒于鸣条[1],东夷之人也。文王生于岐周[2],卒于毕郢[3],西夷之人也。地之相去也,千有余里;世之相后也,千有余岁。得志行乎中国,若合符节[4],先圣后圣,其揆一也[5]。"(《孟子·离娄下》)

注释 [1]诸冯、负夏、鸣条:均传说中的古地名。诸冯相传在今山东菏泽以南。负夏传说约在今山东滋阳以西。今山西运城境内有地方古称鸣条,但不知是否是这里说的鸣条。[2]岐周:地名,指岐山下周的旧邑,在今陕西岐山县东北。[3]毕郢:相传是周文王去世的地方,在今陕西咸阳市东二十一里。[4]符节:古代朝廷传令或调兵用的凭证,剖为两半,双方各执一半,看能否相合,以验真假。[5]揆:道理,准则。

译文 孟子说:"舜出生在诸冯,迁居到负夏,在鸣条去世,是东方边远地区的人。周文王出生在岐周,在毕郢去世,是西方边远地区的人。这两个地方相距,有一千多里地;时代相隔,有一千多年。而他们得志时在中国的所作所为,就像符节一样吻合,前代的圣人和后代的圣人,他们行为准则是一致的。"

点评 有些真理是放之四海而皆准的,古今中外是一致的,所以,在时间和空间上都相距甚远的人有共同或相似的理想追求,这并不奇怪。

禹恶旨酒

孟子曰:"禹恶旨酒而好善言。汤执中,立贤无方。文王视民如伤,望道而未之见[1]。武王不泄迩[2],不忘远。周公思兼三王,以施四事,其有不合者,仰而思之,夜以继日;幸而得之,坐以待旦。"(《孟

子·离娄下》）

注释 [1]而：如。[2]泄：通"媟"，狎侮，轻慢。迩：近。此指近处的臣下。

译文 孟子说："大禹讨厌美酒而喜欢有价值的言论。商汤坚持中正之道，树立贤才没有定式限制。周文王对待人民就像对待伤员一样细心照顾，寻求善道目标好像未曾见到一样努力不懈。周武王不轻慢朝中的臣下，也不忘记散在远方的臣下。周公想具备夏、商、周三代君王的长处，以实践大禹、商汤、周文王、周武王所做的事业。若有做得与这几位圣王的做法不相符合之处，就抬头思考，夜以继日，侥幸想明白了，就坐着等待天亮好去执行。"

点评 孟子认为，周公善于学习前人的长处，而且孜孜不倦，进入了忘我的境界，值得颂扬。此外，这段话所总结的大禹、商汤、周文王、周武王的特点和做法也都有积极意义。

禹、稷、颜回同道

禹、稷当平世，三过其门而不入，孔子贤之。颜子当乱世[1]，居于陋巷，一箪食，一瓢饮；人不堪其忧，颜子不改其乐，孔子贤之。

孟子曰："禹、稷、颜回同道。禹思天下有溺者，由己溺之也；稷思天下有饥者，由己饥之也，是以如是其急也。禹、稷、颜子易地则皆然。今有同室之人斗者，救之，虽被发缨冠而救之[2]，可也；乡邻有斗者，被发缨冠而往救之，则惑也，虽闭户可也。"（《孟子·离娄下》）

注释 [1]颜子：孔子弟子颜回。《论语·雍也》："子曰：'贤哉回也！一箪食，一瓢饮，在陋巷，人不堪其忧，回也不改其乐。贤哉，回也！'"[2]被发缨冠：无暇束发而系上冠缨赶去救助。被，同"披"。缨，系冠的带子。救：制止。

译文 大禹、后稷生活在太平之世，多次路过自己的家门却不进去，孔子称赞他们。颜回生活在乱世，住在陋巷里，一筐饭，一瓢水，人们都受不了那种忧愁，而颜回不改变他的乐观。孔子也称赞他。

孟子说："大禹、后稷和颜回遵循的道理其实是一样的。大禹想到天下有遭水淹没的人，就像是自己使他被淹一样。后稷想到天下有挨饿的人，就像是自己使他挨饿一样。所以拯救百姓才那样急。大禹、后稷如果和颜回交换一下位置处境，他们各自也会有像对方一样的表现。假设同屋的人斗殴打架，要去制止他们，即使是披散头发系上帽缨赶过去也是可以的。但如果是同乡邻居打架，也是披头散发地系上帽缨就去制止，那就是糊涂了。遇到这种情况即使关起门来也是可以的。"

点评 大禹、后稷是一种人，急于救民于苦难之中，孔子赞赏他们。颜回是另一种人，独善其身，在艰苦的环境中自得其乐，孔子也赞赏他。这看起来相互矛盾，但孟子认为，他们两种人的做法虽然不同，但道理却是一样的。关键是他们处在不同的时代，面临不同的社会情况。大禹、后稷面临的情况就好比同屋的人在打架，所以要赶紧上前制止；颜回面临的则好比乡邻在打架，衣冠不整地跑去就不适宜了。这说明，区分事物不能只看表面现象。

孔子集三圣之大成

孟子曰："伯夷，目不视恶色，耳不听恶声。非其君，不事；非其民，不使。治则进，乱则退。横政之所出，横民之所止，不忍居也。思与乡人处，如以朝衣朝冠坐于涂炭也。当纣之时，居北海之滨，以待天下之清也。故闻伯夷之风者，顽夫廉，懦夫有立志。

"伊尹曰[1]：'何事非君？何使非民？'治亦进，乱亦进，曰：'天之生斯民也，使先知觉后知，使先觉觉后觉。予，天民之先觉者也。予将以此道觉此民也。'思天下之民，匹夫匹妇有不与被尧舜之泽者，若己推而内之沟中——其自任以天下之重也。

"柳下惠不羞污君[2]，不辞小官。进不隐贤，必以其道。遗佚而不怨，厄穷而不悯。与乡人处，由由然不忍去也。'尔为尔，我为我，虽袒裼裸裎于我侧,尔焉能浼我哉?'故闻柳下惠之风者,鄙夫宽,薄夫敦。

"孔子之去齐,接淅而行[3]。去鲁,曰:'迟迟吾行也,去父母国之道也。'可以速而速,可以久而久,可以处而处[4],可以仕而仕,孔子也。"

孟子曰:"伯夷,圣之清者也;伊尹,圣之任者也。柳下惠,圣之和者也;孔子,圣之时者也。孔子之谓集大成。集大成也者,金声而玉振之也。金声也者,始条理也;玉振之也者,终条理也。始条理者,智之事也;终条理者,圣之事也。智,譬则巧也;圣,譬则力也。由射于百步之外也,其至,尔力也;其中,非尔力也。"(《孟子·万章下》)

注释　[1]伊尹:商汤大臣,名伊,一名挚,尹是官名。[2]柳下惠:春秋鲁大夫展获,字季,又字禽,曾为士师官,食邑柳下,谥惠。相传他与一女子共坐一夜,不曾淫乱。后用以借指有操行的男子。[3]淅:淘米。[4]处:隐居,不做官。

译文　孟子说:"伯夷这个人,眼睛不看恶色,耳朵不听恶声。不是他理想的君主,不侍奉;不是他理想的民众,不役使。天下太平就出来任职做事,世道混乱就退避隐居。实行暴政的国家,住有暴民的地方,都不能忍受住在那里。他认为和乡下人相处,就像穿戴着上朝的礼服礼帽坐在污泥炭灰中一样。在商纣王当政的时候,他住在北海之滨,等待天下清平。所以,听到伯夷风范的,贪婪的人也会变得清廉,懦弱的人也会树立不屈的志向。

"伊尹说:'什么君主不能侍奉?什么民众不能役使?'天下太平他出来任职,世道混乱也出来任职。他说:'上天生育这些民众,就是要让先明理的人开导后明理的人,使先觉悟的人启发后觉悟的人。我,是上天生育的民众中先觉悟的人,我要用这个尧、舜之道来启发这些上天所生的民众。'想那天下的百姓中只要一个男子或一个妇女没受到尧、舜的恩泽的,就好像是自己把他们推进山沟中一样——这就是自愿把天下的重担挑在肩头的态度。

"柳下惠并不以侍奉不好的君主为耻,不会因官小就辞掉。他任职不隐藏自己的才干,必定按自己的原则行事。被冷落遗忘也不怨恨,在困窘之中也不忧愁。与乡下人相处,高高兴兴地不忍离开。他说:'你是你,我是我,即使你赤身裸体站在我身边,又怎么能沾染我呢?'所以听到柳下惠风范的人,狭隘的人也变得宽容了,刻薄的人也变得厚道了。

"孔子离开齐国,等不及把米淘完就启程了;离开鲁国时,却说:'我们慢些走吧,这是离开父母之国的态度。'可以快走就快走,可以继续干就继续干,可以隐居就隐居,可以出仕就出仕,这就是孔子。"

孟子说:"伯夷这个人,是圣人中清高的人;伊尹这个人,是圣人中负责任的人;柳下惠这个人,是圣人中随和的人;孔子这个人,是圣贤中能够因时而变的人。孔子可以称为集大成者。所谓集大成,就好比演奏音乐起头时敲金钟,终结时敲玉磬。起头敲金钟,是旋律条理的开始;终结敲玉磬,是旋律条理的收束。条理的开始体现的是智慧,条理的收束体现的是圣德。智慧好比技巧,圣德好比力量。就像在百步以外射箭,能射到,是由于你的力量;能射中,靠的就不是你的力量了。"

点评 在这里孟子列举分析了伯夷、伊尹、柳下惠、孔子这四个人的处事方式和各自的特点,称赞孔子是集大成者。所谓集大成,即集中了几位古人的优点,形成了较为理想的行事方式和态度。在有正确的理想目标的前提下,把智慧和力量结合起来,是相对合理的成功之路。

尚友古人

孟子谓万章曰[1]:"一乡之善士斯友一乡之善士[2],一国之善士斯友一国之善士,天下之善士斯友天下之善士。以友天下之善士为未足,又尚论古之人。颂其诗[3],读其书,不知其人,可乎?是以论其世也。是尚友也。"(《孟子·万章下》)

注释 [1]万章：孟子弟子。[2]一乡之善士：在整个乡中突出的优秀人物。善士，等于说好人。[3]颂：同"诵"。

译文 孟子告诉万章说："在全乡里算得上优秀人物的人，就会跟乡里其他优秀人物交朋友；在全国称得上优秀人物的人，就想跟国家里其他优秀人物交朋友；在全天下称得上优秀人物的人，就想跟天下其他优秀人物交朋友。如果认为跟全天下的优秀人物交朋友还不够，又可以上溯谈论古代人物。吟咏他们的诗歌，研读他们的著作，而不了解他们的为人，能行吗？所以要讨论他们的那个时代。这就是追溯历史与古人交朋友。"

点评 这段话能使我们想到很多道理。比如交朋友要找志同道合的人，能彼此理解的人。当世的人不够，还可以上溯到古人，通过文献了解古人的思想和言行，学习他们的优点，汲取他们的经验教训。再比如，"物以类聚，人以群分"，看一个人交什么样的朋友，可以从一个角度认识了解这个人。还有，"近朱者赤，近墨者黑"，朋友之间会相互影响，交了有益的朋友对自己有好处，交了坏朋友对自己则有损害。

论 礼

礼与权

淳于髡曰[1]："男女授受不亲，礼与？"

孟子曰："礼也。"

曰："嫂溺，则援之以手乎？"

曰："嫂溺不援，是豺狼也。男女授受不亲，礼也；嫂溺，援之以手者，权也[2]。"

曰："今天下溺矣，夫子之不援，何也？"

曰："天下溺，援之以道；嫂溺，援之以手——子欲手援天下乎？"

（《孟子·离娄上》）

注释　[1]淳于髡（kūn）：齐国著名辩士。[2]权：权变，变通。

译文　淳于髡问道："男女之间不亲手传递、交接物品，是礼吗？"

孟子回答说："是礼。"

淳于髡问："嫂子溺水，那么要伸手去救援她吗？"

孟子答："嫂子溺水而不去救援，就是豺狼。男女之间不亲手传递、交接物品，这是礼。嫂子溺水，伸手去援救，这是变通。"

淳于髡问："现如今整个天下仿佛溺水，先生不去救援，这是为什么呢？"

孟子答："天下溺水，要用'道'去救援。嫂子溺水，用手就可救援。现在你想要我仅用手就去救援天下吗？"

点评　本段通过一问一答的形式为我们解决了"礼"与"权"的矛盾。孟子固然提倡守礼，但绝不是死守，他也主张适时合理变通。其实，我们都要懂得在遵守原则的同时也学会随机应变，这样才能顺应发展趋势。

以礼存心

孟子曰："君子所以异于人者，以其存心也。君子以仁存心，以礼存心。仁者爱人，有礼者敬人。爱人者，人恒爱之；敬人者，人恒敬之。有人于此，其待我以横逆，则君子必自反也：'我必不仁也，必无礼也，此物奚宜至哉？'其自反而仁矣，自反而有礼矣，其横逆由是也[1]，君子必自反也，'我必不忠'。自反而忠矣，其横逆由是也，君子曰：'此亦妄人也已矣。如此，则与禽兽奚择哉？于禽兽又何难焉？'是故君子有终身之忧，无一朝之患也。乃若所忧则有之：舜，人也；我，亦人也。舜为法于天下，可传于后世，我由未免为乡人也，是则可忧也。忧之如何？如舜而已矣。若夫君子所患则亡矣[2]。非仁无为也，非礼无行也。如有一朝之患，则君子不患矣。"（《孟

子·离娄下》）

注释　[1]由：通"犹"，仍然。[2]亡：通"无"。

译文　孟子说："君子之所以不同于普通人，就是因为所存的心思不一样。君子存心于仁，存心于礼。仁者爱别人，有礼者尊敬别人。爱别人的人，别人也能常爱他；尊敬别人的人，别人也常尊敬他。假如这里有个人，他对我蛮横、无礼，那么君子就要自我反省：'我肯定有不仁的地方，肯定有无礼的地方，不然这种态度怎么会来呢？'反躬自问我做到了仁，反躬自问我做到了有礼，而那人仍然蛮横无礼，君子又会自我反省：'我肯定不够真诚。'反躬自问我是忠诚的，而那人的蛮横、无礼仍然是老样子，君子就会说：'这不过是个狂妄之徒而已，这样的话，他跟禽兽有什么区别呢？对禽兽又有什么可责难的呢？'因此，君子有长期的忧虑，却没有短时的担心。这样的忧虑是有的：舜是人，我也是人，舜为天下人的榜样，名传后代，而我仍不免是个普通的人。这才值得忧虑。忧虑又怎么办呢？向舜学习就是了。至于君子，别的担心是没有的。不符合仁的事不做，不合乎礼的事不做。即使有意外灾害，那么君子也不因此而担心了。"

点评　这段话劝人互爱互敬，强调了个人修养中的反躬自省。如果人人都能怀有爱心，对人恭敬有礼，社会就会更和谐、更文明。

礼与食孰重

任人有问屋庐子曰[1]："礼与食孰重？"曰："礼重。"

"色与礼孰重？"曰："礼重。"

曰："以礼食，则饥而死；不以礼食，则得食，必与礼乎？亲迎，则不得妻；不亲迎，则得妻，必亲迎乎[2]？"

屋庐子不能对，明日之邹以告孟子[3]。

孟子曰："于答是也，何有？不揣其本，而齐其末[4]，方寸之木可使高于岑楼。金重于羽者，岂谓一钩金与一舆羽之谓哉[5]？取食之重者与礼之轻者而比之，奚翅食重[6]？取色之重者与礼之轻者而比之，奚翅色重？往应之曰：'紾兄之臂而夺之食，则得食；不紾，则不得食，则将紾之乎[7]？逾东家墙而搂其处子[8]，则得妻；不搂，则不得妻，则将搂之乎？'"（《孟子·告子下》）

注释 [1]任（rén）人：任国的人。屋庐子：孟子弟子。[2]亲迎：古代婚姻，新郎必须亲身前往新娘家迎接新娘。[3]之（zhī）：到……去。邹：国名，在今山东邹县东南。[4]揣：度量，衡量。齐：比较。[5]一钩金：制作一个带钩所需的金。[6]奚翅：岂止。奚，怎么；翅，通"啻"，止。[7]紾（zhěn）：扭转。[8]逾：翻过。

译文 有个任国人问屋庐子说："礼和食哪个重要？"回答说："礼重要。"

"美色和礼哪个重要？"回答说："礼重要。"

（那人又）说："如果按照礼节去找食物，便会饿死；不按照礼节找食物，便会得到吃的，（那么还）一定要按照礼节行事吗？如果按照亲迎的礼节，便得不到妻子；不按照亲迎的礼节就能得到妻子，（那么还）一定要遵守亲迎的礼节吗？"

屋庐子不能回答，第二天到邹国，把这话告诉了孟子。

孟子说："回答这个问题有什么困难呢？如果不揣度底部的高低，只是比较它们的顶端，那么一寸厚的木板也能够使它比尖顶高楼高。金子比羽毛重，难道要拿一只带钩的金和一车羽毛来比较吗？拿关系重大的吃饭问题和礼节的细枝末节比较，岂止是吃饭重要？拿关系重大的婚姻问题和礼节的细枝末节比较，岂止是婚姻重要？你回去回答他说：'扭住哥哥的胳膊，抢夺他的食物，便得到吃的；不扭便得不到，那么你会去扭他吗？翻过东邻的墙去搂抱那家的姑娘，就能得到妻子；不搂，就得不到妻子，那么你会去搂抱吗？'"

点评 这一章是孟子对礼的辩护，任人把食、色的问题推到极端，又拿来与礼的细枝末节相较，孟子一眼便识破了这诡计，用同样的方法驳倒了这种说法。

古之君子何如则仕

陈子曰[1]:"古之君子何如则仕?"

孟子曰:"所就三,所去三[2]。迎之致敬以有礼;言,将行其言也,则就之。礼貌未衰,言弗行也,则去之。其次,虽未行其言也,迎之致敬以有礼,则就之。礼貌衰,则去之。其下,朝不食,夕不食,饥饿不能出门户,君闻之,曰:'吾大者不能行其道,又不能从其言也,使饥饿于我土地,吾耻之。'周之[3],亦可受也,免死而已矣。"(《孟子·告子下》)

注释 [1]陈子:人名,即陈臻。[2]就:做官。去:与"就"相对,不做官。[3]周:动词,接济、周济。

译文 陈子说:"古代的君子要怎样才出来做官?"

孟子说:"做官的情况有三种,不做官的情况(也)有三种。礼貌恭敬地来迎接,对他的言论又准备实行,便做官。礼节和恭敬虽然没有减少,(但)不施行其言论,那么就辞官。其次,虽然他的言论没有施行,(但)迎接的时候能够恭敬而且合乎礼节,便做官。(如果连)礼节和恭敬也减少了,那么就辞官。最差的是,早上没饭吃,晚上也没饭吃,饿得走不出门,君主听说后说,'我大的方面不能施行他的主张,又不听从他的言论,使他在我的国土上饿肚子,这是我的耻辱。'(于是)周济他,(这)也可以接受,免于死亡罢了。"

点评 君子是有才德之人,做官与否的态度也是德行的体现,不顾时势,一味想要封官加爵,或是只想浪迹五湖,都是不对的。所以,陈子请教的问题在古代是很有针对性的,君子是否做官,主要取决于君主的态度,这种无可奈何的被动也充满了悲剧色彩。

无礼义,则上下乱

孟子曰:"不信仁贤,则国空虚;无礼义,则上下乱;无政事,

则财用不足。"（《孟子·尽心下》）

译文 孟子说："不信任仁德贤能的人，那么国家就会空虚；不讲礼仪，那么上下尊卑关系就会混乱；没有好的政治，那么国家的财用将会不足。"

点评 这是为政的道理，重视仁贤，讲求礼仪，勤于政事，是国家强盛稳定之道。

论 智

治人不治，反其智

孟子曰："爱人不亲，反其仁；治人不治，反其智；礼人不答，反其敬——行有不得者皆反求诸己，其身正而天下归之[1]。《诗》云：'永言配命，自求多福。'"（《孟子·离娄上》）

注释 [1]反：反问，反省。

译文 孟子说："爱别人，别人却不亲近自己，就要反问自己对别人是不是不够仁爱；管理别人却管理不好，就要反问自己是不是智谋不够；礼貌待人，却得不到相应的回应，就要反问是不是还不够恭敬。行为达不到预期要求的都要反过来问问自己，自己端正了，天下的人自会归向他。《诗经》说：'永远配合天命，以求来更多的幸福。'"

点评 这里强调的是"反求诸己"，是反躬自省的有效延伸，以此达到自己的进步，达到身正而天下归。

智之实

孟子曰："仁之实[1]，事亲是也；义之实，从兄是也；智之实，知斯二者弗去是也[2]；礼之实，节文斯二者是也；乐之实，乐斯二者，乐则生矣；生则恶可已也，恶可已，则不知足之蹈之手之舞之。"（《孟

子·离娄上》）

注释　[1] 实：实质。[2] 去：抛弃，背离。

译文　孟子说："仁的实质是侍奉父母；义的实质是遵从兄长；智的实质是明白这两者的道理并且不背离；礼的实质是对这两者既能合理地调节又能适当地修饰；乐的实质是喜爱这两者，快乐就会产生；快乐一产生就无法休止，无法休止就不自觉地手舞足蹈起来。"

点评　在孟子看来，仁、义、智、礼、乐是贯穿一体的，想要得到无休止的快乐，就要从仁义开始，这些观点并不是抽象的理论，而是需要和现实生活结合的，要从侍奉父母、尊敬兄长做起，才能得到快乐。

智者若禹之行水

孟子曰："天下之言性也，则故而已矣[1]。故者以利为本[2]。所恶于智者，为其凿也[3]。如智者若禹之行水也，则无恶于智矣。禹之行水也，行其所无事也。如智者亦行其所无事，则智亦大矣。天之高也，星辰之远也，苟求其故，千岁之日至，可坐而致也[4]。"（《孟子·离娄下》）

注释　[1] 故：事物本来的面貌。[2] 利：顺应。[3] 凿：穿凿附会。[4] 日至：指冬至。致：达到，推算。

译文　孟子说："天下人所说的本性，无非指万物固有的道理。固有的道理是以顺乎自然为根本的。我们讨厌聪明人，是因为他们穿凿附会。如果聪明人像禹的使水顺势运行那样，那我们就不会讨厌聪明人了。禹使水顺势流泻，是顺其自然的。如果聪明人也能做到顺其自然，那也有了大智慧。天极高，星极远，只要能推求其所以然，以后一千年的冬至，都可以坐着推算出来。"

点评　孟子在这里提倡的是像大禹治水那样的聪明，而不是刻意穿凿出来的玄理。这种顺乎自然天理的智慧是最为中国古人称道的，启示我们要顺时而动，利用环境成就大智慧。

无或乎王之不智也

孟子曰:"无或乎王之不智也[1]。虽有天下易生之物也,一日暴之[2],十日寒之,未有能生者也。吾见亦罕矣,吾退而寒之者至矣,吾如有萌焉何哉?今夫弈之为数,小数也[3];不专心致志,则不得也。弈秋,通国之善弈者也。使弈秋诲二人弈,其一人专心致志,惟弈秋之为听。一人虽听之,一心以为有鸿鹄将至,思援弓缴而射之[4],虽与之俱学,弗若之矣。为是其智弗若与?曰:非然也。"(《孟子·告子上》)

注释 [1]或:同"惑",奇怪。[2]暴:同"曝",暴晒。[3]数:术。[4]援弓缴(zhuó):拿起弓箭。缴,本意是生丝缕,后来称系箭上的丝绳。

译文 孟子说:"王的不聪明,不足为怪。即使是天下最易生长的东西,晒一天,再冷十天,没有能够再生长的。我拜见大王的次数太少,我一离开他,那些给他泼冷水的人就来了,即使大王有了一点善心的萌芽,我又能怎样呢?譬如下棋这种技艺,是一种小技艺,但如果不专心致志,就学不会。弈秋,是全国最擅长下棋的人。让弈秋教两人下棋,其中一人专心致志,只听弈秋的话。另一人虽然也在听,而心里却认为有只天鹅将要飞来,想要拿起弓箭去射它,即使和那人一起学习,但他学得一定不如那人好。是因为他的智力不如人家吗?不是的。"

点评 孟子在这里讲到了人"不智"的两个原因,一是别人对他一曝十寒,二是他自己三心二意。启发我们做事情除了要坚持不懈,还要专心致志、心无旁骛。

仁、义、礼、智根于心

孟子曰:"广土众民,君子欲之,所乐不存焉;中天下而立,定四海之民,君子乐之,所性不存焉。君子所性,虽大行不加焉,虽穷居不损焉，分定故也。君子所性，仁、义、礼、智根于心，其生色也睟然，见于面，盎于背，施于四体，四体不言而喻[1]。"（《孟子·尽心上》）

注释 [1]睟（suì）然：清和润泽的样子。见（xiàn）于面：出现在脸上。盎：显现。施：延及。

译文 孟子说："拥有广大的土地、众多的百姓，是君子所希望的，但乐趣不在这儿；居于天下的中央，安定天下的百姓，君子以此为乐，但本性不在这儿。君子的本性，即使他的理想通行于天下也不因此而增，即使穷困潦倒、居无定所也不减少，是本分已经固定的缘故。君子的本性，仁、义、礼、智根植于心，表现出来的神色是清和润泽，它表现在脸上、显现在背上、延及四肢，在四肢的动作上不必言语，别人一目了然。"

点评 儒家讲求治国、齐家、平天下，而在孟子这里，君子本性不是如此，无论穷达，仁、义、礼、智根植于心，良好的品德不需言语，别人一目了然。

论 信

朋友有信

（孟子曰：）"后稷教民稼穑[1]，树艺五谷；五谷熟而民人育。人之有道也。饱食、暖衣、逸居而无教，则近于禽兽。圣人有忧之，使契为司徒[2]，教以人伦，父子有亲，君臣有义，夫妇有别，长幼有叙，朋友有信。放勋曰[3]：'劳之来之，匡之直之，辅之翼之，使自得之，又从而振德之。'圣人之忧民如此，而暇耕乎？"（《孟子·滕文公上》）

注释 [1]后稷：帝尧时的农师。[2]有：同"又"。契（xiè）：人名，殷代祖先。[3]放（fǎng）勋：帝尧之名。

译文 孟子说:""后稷教导百姓种庄稼,栽培谷物。谷物成熟便能养育百姓。人之所以为人,吃饱、穿暖、住得安逸,但没有教育,那么就和禽兽差不多。圣人又为此忧虑,使契做司徒,把伦理道德教给百姓。父子间有骨肉之亲,君臣间有礼仪之道,夫妻间挚爱而内外有别,老少之间尊卑有序,朋友间诚信可靠。放勋说:'督促他们,纠正他们,帮助他们,使他们各得其所,随后赈济他们,给他们恩惠。'圣人为百姓如此操心,还有时间种地吗?"

点评 这里反映了孟子的"劳心者治人,劳力者治于人"的观点。在孟子看来,社会分工是社会进步的重要条件。

信于友

孟子曰:"居下位而不获于上[1],民不可得而治也。获于上有道,不信于友,弗获于上矣。信于友有道,事亲弗悦,弗信于友矣。悦亲有道,反身不诚,不悦于亲矣。诚身有道,不明乎善,不诚其身矣。是故诚者,天之道也;思诚者,人之道也。至诚而不动,未之有也;不诚,未有能动者也。"(《孟子·离娄上》)

注释 [1]获于上:得到上级的信任。

译文 孟子说:"职位卑下而又不能得到上级的重用,是不可能把百姓治理好的。要取得上级的重用有方法,如果得不到朋友的信任,也就得不到上级的信任。要使朋友信任有方法,如果侍奉父母而不能使父母高兴,朋友也不会信任。要使父母高兴有方法,如果反躬自问发现自己心意不诚,就不能使父母高兴。要使自己诚心有方法,如果不明白什么是善,也就不会诚心,所以诚是自然的规律;追求诚,是做人的规律。极端诚心而不能感动他人这种事,是未曾有过的;不诚心没有能感动别人的。"

点评 这是孟子对于为官之道的逻辑,最后推至于己、推至于心,诚心的重要性不言自明。希望在官场上被重用,要反躬自省,要用诚心取信于父母,继而取信于朋友,得到朋友的信任,才能有所成。

论教育

一傅众咻

孟子谓戴不胜曰[1]:"子欲子之王之善与[2]?我明告子。有楚大夫于此,欲其子之齐语也,则使齐人傅诸[3]?使楚人傅诸?"

曰:"使齐人傅之。"

曰:"一齐人傅之,众楚人咻之[4],虽日挞而求其齐也,不可得矣;引而置之庄岳之闲数年,虽日挞而求其楚,亦不可得矣。子谓薛居州,善士也,使之居于王所。在于王所者,长幼卑尊皆薛居州也,王谁与为不善?在王所者,长幼卑尊皆非薛居州也,王谁与为善?一薛居州,独如宋王何?"(《孟子·滕文公下》)

注释 [1]戴不胜:人名,宋国大臣。[2]之:前一个意为"的",后一个是动词,向、往、到。[3]傅:教。[4]咻:喧哗干扰。

译文 孟子对戴不胜说:"你希望你的君王向善吗?我明确告诉你。比如说有一位楚国的大夫,希望他儿子学说齐国话,那么是找齐国的人来教他好呢,还是找楚国的人来教他好?"

戴不胜说:"找齐国人来教他好。"

孟子说:"如果找一个齐国人来教他,他的周围却有很多楚国人,用楚国话来干扰他,那么即使你每天鞭打他,要求他说齐国话,那也是不可能的。反之,如果把他带到齐国去,让他住在齐国一个叫庄岳的地方,在那里住几年,那么即使你每天鞭打他,要求他说楚国话,那也是不可能的了。你说薛居州是个好人,让他住在王宫之中。如果在王宫中的人,无论年长年幼、地位高低都能像薛居州那样好,那么君王和谁去做坏事呢?相反,如果在王宫中的人,无论年长年幼、地位高低都不能像薛居州那样好,那君王又和谁去做好事呢?单单一个薛居州,能把宋王怎么样呢？"

点评 这一段，孟子告诉我们，一个人所处的环境对于他的成长、成才具有很大意义，正可谓近朱者赤，近墨者黑。

人乐有贤父兄

孟子曰："中也养不中[1]，才也养不才，故人乐有贤父兄也。如中也弃不中，才也弃不才，则贤不肖之相去，其间不能以寸[2]。"（《孟子·离娄下》）

注释 [1]中：指可以坚守中庸之道的人。[2]其间不能以寸：最后省略一个"量"字，意思是中间距离很少。

译文 孟子说："德行好的人可以培养德行不好的人，有才能的人可以培养没有才能的人，所以人们都喜欢有贤德的父辈、兄长。如果德行好的人放弃德行不好的人，有才能的人放弃没有才能的人，那么贤能和平庸的距离就非常短了。"

点评 孟子告诉我们，任何人都希望和优秀的人在一起接受其濡染。优秀的人也要心胸宽广，将自己的优秀散播开来。

博学而详说

孟子曰："博学而详说之，将以反说约也。"（《孟子·离娄下》）

译文 孟子说："广泛地学习并且详尽地解说，目的在于理解之后能把复杂的东西变得简单。"

点评 孟子告诉我们学习的时候要深入，才能浅出，这是一个返璞归真的过程。

深造自得

孟子曰："君子深造之以道，欲其自得之也。自得之，则居之安；

居之安，则资之深[1]；资之深，则取之左右逢其原[2]，故君子欲其自得之也。"（《孟子·离娄下》）

注释 [1]资：积累。[2]原：同"源"，来源。

译文 孟子说："君子用一些方法来加深自己的造诣，是希望自己有所领悟。自己有所领悟，就能掌握得牢固；掌握得牢固，就能够积累得多；积累得多，用起来就能够得心应手。所以，君子想让自己有所领悟。"

点评 自己领悟到的东西才是属于自己的，才是可以牢固记住的。单记住别人整理好的感悟，是不能深刻理解、真正进步的。

引而不发

孟子曰："大匠不为拙工改废绳墨，羿不为拙射变其彀率[1]。君子引而不发，跃如也。中道而立，能者从之。"（《孟子·尽心上》）

注释 [1]彀率：拉开弓的标准。

译文 孟子说："卓越的工匠不因为拙劣的工人而改变废弃规矩标准，对于射箭，不能因为拙劣的射手而改变拉弓的标准。君子张满了弓却不发箭，只需要做出要射的样子就可以了。君子做到恰如其分，有能力学习跟着他做就行了。"

点评 孟子这段话告诉我们严格的标准是高水准的保证，普通人要注意向优秀的人学习这样的标准并积极践行。

心之官则思

（孟子）曰："心之官则思，思则得之，不思则不得也。"（《孟子·告子上》）

译文 （孟子）说："心这个器官是有思考的能力的，思考就能获得，不思考就不能获得。"

点评 孟子如此说心,是要区别于其他器官,比如说眼睛、鼻子,需要或看或闻,需要与外界的交互。但是心不同,不思考就不会主动交互,也就不会有所收获。

教亦多术

孟子曰:"教亦多术矣,予不屑之教诲也者,是亦教诲之而已矣。"(《孟子·告子下》)

译文 孟子说:"教育也有很多种方法,我不屑于教别人的,恰恰是如何教育。"

点评 孟子的这一思想和孔子的因材施教有共通之处,每个人都是不一样的,教育方式、方法肯定也要因人而异。

反身而诚

孟子曰:"万物皆备于我矣。反身而诚,乐莫大焉。强恕而行,求仁莫近焉。"(《孟子·尽心上》)

译文 孟子说:"万物之情我都具备了。反躬自问,我是真诚的,这就是最大的快乐。努力地遵循恕道有所行为,寻求仁德的路没有比这更便捷的了。"

点评 人要真诚,既不自欺,也不欺人,还要能推己及人,这不仅是自我修养的途径,还是人生最大的快乐,可惜很多人没有意识到这一点。

辟若掘井

孟子曰:"有为者辟若掘井[1],掘井九轫而不及泉[2],犹为弃井也。"(《孟子·尽心上》)

注释 [1]辟:通"譬",譬如。[2]九轫:长度相当于六七丈,这里是说挖掘得深。

译文 孟子说:"做事就像挖掘水井一样,挖掘到六七丈深还没有看到水,仍旧只是一口废井。"

点评 孟子告诉我们学习不能半途而废。不管你曾经努力了多少,只要没有达到目标,就是徒劳的。

观水有术

孟子曰:"孔子登东山而小鲁[1],登泰山而小天下,故观于海者难为水,游于圣人之门者难为言。观水有术,必观其澜。日月有明,容光必照焉[2]。流水之为物也,不盈科不行;君子之志于道也,不成章不达。"(《孟子·尽心上》)

注释 [1]东山:即蒙山,在今山东蒙阴县南。[2]容光:指仅能容纳光线的小缝隙。

译文 孟子说:"孔子登上蒙山就觉得鲁国很小,登上泰山就觉得天下也并不大。所以观赏过大海的人就不会被一般的水吸引,游学于圣人门下的人就不会被一般的言论吸引。观赏水是有一定方法的,一定要看它的波澜。日月的光辉,虽然透过小的缝隙也能照进去。流水作为一个事物,不充满沟渠就不能流动;君子有志于修道,不达到一定程度也不能成功。"

点评 孟子告诉我们,无论是学习还是工作,不做到一定的高度就难以有所得。用今天的话来说,只有足够的量变才能引发质变。

因材施教

孟子曰:"君子之所以教者五:有如时雨化之者,有成德者,有达财者[1],有答问者,有私淑艾者[2]。此五者,君子之所以教也。"(《孟子·尽心上》)

注释 [1]财:通"材",人才。[2]淑:通"叔",拾取。艾(yì):同"刈",取。淑、艾同义。"私淑艾"即不是老师直接收下的门生,而是自己私下学习的学生,即"私淑弟子"。孟子曾经说自己与孔子的关系是"私淑"。

译文 孟子说:"君子教育他人的方式有五种:一种是像及时雨一样感化他人,一种是成就他人的道德,一种是使他人成才,一种是解答他人的疑问,一种是以个人的学养令他人成为自己的私淑弟子。这五种方法,是君子用来教育他人的。"

点评 这一段,孟子告诉我们君子应当如何教育学生。

读书贵在灵活

孟子曰:"尽信《书》[1],则不如无《书》。吾于《武成》[2],取二三策而已矣[3]。仁人无敌于天下,以至仁伐至不仁,而何其血之流杵也[4]?"(《孟子·尽心下》)

注释 [1]书:《尚书》,儒家重要经典。[2]《武成》:《尚书》的篇名。[3]策:用于书写的竹简或木片,古人说的一策比我们今天说的一页还要少很多。[4]杵(chǔ):舂米或捶衣的木棒。

译文 孟子说:"如果完全相信《尚书》,那还不如没有《尚书》这本书呢。我对于《尚书》中《武成》这一篇,也就只是相信其中两三页罢了。仁者天下无敌,凭借最仁义讨伐最暴虐,为什么鲜血还会流得可以漂起木棒呢?"

点评 孟子在这里强调了对于经典不能迷信,要有自己的思考。也就是说,人最宝贵的不是掌握了多少知识,而是要有自己独特的思想和见解。

贤者以其昭昭使人昭昭

孟子曰:"贤者以其昭昭使人昭昭[1],今以其昏昏使人昭昭[2]。"(《孟子·尽心下》)

注释 [1]昭昭:明白。[2]昏昏:糊涂,不明白。

译文 孟子说:"贤能的人总是自己先弄明白,然后再让别人明白。现在的人都是自己还不明白,就想着指导别人让别人明白。"

点评 孟子提醒我们，做人为学要实事求是，知之为知之，不知为不知。

学贵有恒

孟子谓高子曰[1]:"山径之蹊[2]，间介然用之而成路[3]；为间不用[4]，则茅塞之矣。今茅塞子之心矣。"（《孟子·尽心下》）

注释 [1]高子：孟子的学生。[2]径：路。蹊：人行处。山径之蹊即狭窄山路。[3]间：一定的空间或时间里。介然：本指心无旁骛，这里指经常。[4]为间：即"有间"，为时不久。

译文 孟子对高子说："狭窄的山路，经常使用，它就会成为可用的路；如果有一段时间不用，那么这条路就会被茅草堵塞了。现在茅草就堵塞了你的心灵啊。"

点评 孟子告诉我们学习不能三分钟热度，必须长期坚持。

有教无类

（孟子曰：）"夫予之设科也，往者不追，来者不拒。苟以是心至，斯受之而已矣。"（《孟子·尽心下》）

译文 孟子说："我设置教授内容，对过往的事情不过问，对前来的人不拒绝。如果怀着求学的心态来到我这，我都是接受的。"

点评 孟子践行了孔子"有教无类"的教育思想，广泛地进行不带有歧视的教育。

学 以 致 用

积累篇

义，是个会意字，我们可以通过字形来推知字义。请同学们根据下面的文字和右面的图片，推测"义"字的本义。

《说文解字》中说："義，从'我'，从'羊'。"第一种理解：上面是个"羊"，下面是个"我"，羊代表善良、美好，所以"善"和"美"都是羊字头，"我"代表自己，由此推测"义"字的本义是：_____。另一种理解：上面的"羊"表祭牲，下面的"我"表兵器，代指仪仗，由此推测"义"字的本义是：_____。

研讨篇

同学们，你们读过范仲淹的《岳阳楼记》吗？还记得面对洞庭湖的壮观景象，范仲淹心潮涌动，吟唱出"先天下之忧而忧，后天下之乐而乐"的政治抱负吗？还有那位"醉翁之意不在酒，在乎山水之间也"的欧阳修，同样在《醉翁亭记》里表达出"与民同乐"的政治理想。他们的政治抱负和下面孟子说的哪几句话表达了同样的思想？

  民为贵，社稷次之，君为轻。　　——《孟子·尽心下》

  谨庠序之教，申之以孝悌之义。　　——《孟子·梁惠王上》

  乐民之乐者，民亦乐其乐。忧民之忧者，民亦忧其忧。　　——《孟子·梁惠王下》

  徒善不足以为政。徒法不能以自行。　　——《孟子·离娄上》

2. 以上四句话出自《孟子》，都体现了孟子的政治思想。从这四句话中，你能看出孟子有着怎样的政治观吗？请同学们以小组为单位议一议。

学思篇

1. 一说到"义",有些同学可能马上会想到"桃园结义""义结金兰",想到《水浒传》"聚义厅"里的梁山好汉,想到金庸古龙笔下行走江湖、义薄云天的英雄好汉,想到"朋友有难、两肋插刀"哥们儿义气,所以当同学遇到了任何困难,都会义不容辞地去帮助,这是真正的"义"吗?

2. 尧舜都是古代品德高尚的贤明君主,他们所取得的成就,所创造的辉煌令一般人高山仰止、难以企及,可是孟子却在《孟子·告子下》中说"人皆可以为尧舜",你怎么理解这句话?

3. 班里要举行一场辩论赛,正方的观点是"人性本善",反方的观点是"人性本恶",假如你是正方的主辩,你将如何论证自己的观点呢?请写出两条理由。

大师说经典

梁启超读《孟子》

　　读《论语》《孟子》一类书，当分两种目的：其一为修养受用，其一为学术的研究。为修养受用起见，《论语》如饭，最宜滋养；《孟子》如药，最宜祓除及兴奋。读《孟子》，第一，宜观其砥砺廉隅，崇尚名节，进退辞受取与之间峻立防闲，如此然后可以自守而不至堕落。第二，宜观其气象博大，独往独来，光明俊伟，绝无藏闪。能常常诵习体会，人格自然扩大。第三，宜观其意志坚强，百折不回。服膺书中语，对于环境之压迫，可以增加抵抗力。第四，宜观其修养下手工夫简易直捷，无后儒所言支离、玄渺之二病。要之《孟子》为修养最适当之书，于今日青年尤为相宜。学者宜摘取其中精要语熟诵，或抄出常常阅览，使其精神深入我之"下意识"中，则一生做人基础可以稳固，而且日日向上，至老不衰矣。

　　学术的研究，方面极多，宜各随兴味所注，分项精求。唯每研究一项，必须对于本书所言彻头彻尾理会一番，且须对于他书有关系的资料博为搜采参核。试举数例。

　　一，如欲研究孟子哲学，必须先将书中所谓性、所谓心、所谓情、所谓才、所谓义、所谓理……种种名词，仔细推敲，求得其正确之意义。复又须贯通全书，求得某几点为其宗旨之主脑，然后推寻其条理所由衍出。又须将别派学说与之对照研究，如《荀子》《春秋繁露》等书，观其所自立说，及批驳《孟子》者如何。

　　二，欲研究孟子之政治论，宜先提絜出几个大纲领——例如民本主义、统一主义、非功利主义等等，观其主张之一贯。又须熟察时代背景，遍观反对派学说，再下公正的批评。

　　三，孟子辟异端，我辈不必随声附和。然可从书中发见许多"异端"的学说，例如杨朱、许行、宋轻、陈仲子、子莫、白圭、告子、淳于髡等，其书皆不传，且有并姓名亦不见于他书者。从《孟子》书中将其学说撷拾研究，便是古代学术史绝好资料。

四，将本书所载孟子所见之人所历之地及其行事言论钩稽排比，可以作一篇极翔实的孟子小传。

以上不过略举数例，学者如有研究兴味，则方面尚多，在各人自择而已。

三　《大学》选读

《大学》是《礼记》中的一篇，《礼记》的作者今天已无法确考。而《大学》，宋儒认为是孔子弟子曾参所作，也有人认为是曾参的弟子记述曾参的言行的。

曾参（前505—前434，一说前435），春秋末年鲁国南武城（今山东嘉祥县）人，与其父曾点一同师从孔子。他在《论语》中被称为"曾子"，有人据此推测他的弟子参与了《论语》的编纂。

唐代韩愈等人把《大学》和《中庸》看作与《孟子》《易经》同等重要的经典，宋代"二程"、朱熹继承这种观点。朱熹将《大学》《中庸》和《论语》《孟子》并列，合称"四书"，于南宋绍熙元年（1190）刊刻成《四书章句集注》。

《大学》主要论述个人修养与社会治乱的关系，以明明德、亲民、止于至善为修养的目标；又提出了格物、致知、诚意、正心、修身、齐家、治国、平天下的修行步骤。这些内容在南宋以后成为理学家讲伦理、哲学、政治的基本纲领，对后世的知识分子影响很大。

大学之道

大学之道[1]，在明明德[2]，在亲民[3]，在止于至善。知止而后有定[4]，定而后能静，静而后能安，安而后能虑[5]，虑而后能得。物有本末，事有终始，知所先后，则近道矣。

注释 [1] 大学：相对于"小学"（主要指文字、训诂等的学问）而言，指治国安邦的学问。[2] 第一个"明"：使彰明，弘扬。明德：光明之德，美德。[3] 亲民：使民众弃旧图新，教民向善。亲，"新"的借字，即革新之意。[4] 定：指意念坚定。[5] 虑：指思虑周全。

译文 大学的宗旨在于显扬光明的品德，在于使民众图新，在于使人达到最完美的境界。知道这个境界才能有一定的志向，有一定的志向心才能静，心静了才能够安，心安了才能够思虑周详，思虑周详了才能够有所得。万物都有根本有枝末，事情都有开始有终结。懂得了"明德"为本、"新民"为末，"知止"为始、"能得"为终的道理，就接近事物的规律了。

古之欲明明德于天下者，先治其国；欲治其国者，先齐其家[1]；欲齐其家者，先修其身；欲修其身者，先正其心；欲正其心者，先诚其意；欲诚其意者，先致其知[2]；致知在格物[3]。物格而后知至，知至而后意诚，意诚而后心正，心正而后身修，身修而后家齐，家齐而后国治，国治而后天下平[4]。

自天子以至于庶人[5]，壹是皆以修身为本[6]。其本乱而末治者否矣[7]，其所厚者薄，而其所薄者厚[8]，未之有也！

注释 [1] 齐：整治，治理。[2] 致其知：获得知识。[3] 格物：推究事物之理。

[4] 平：太平。[5] 庶人：平民，百姓。[6] 壹是：全部，全都。[7] 本：指自身修养。末：指齐家、治国、平天下等事。[8] 所厚者薄，所薄者厚：厚薄颠倒，本末倒置。

译文　古代那些想在天下显扬明德的人，先要治理好自己的国；想治理好自己的国，先要整治好自己的家；想整治好自己的家，先要加强自身修养；想加强自身修养，先要端正自己的思想；想端正自己的思想，先要让自己的心意真诚；想使自己的心意真诚，先要获得知识。获得知识的途径在于研究外界事物。研究外界事物才能获得知识，获得知识后心意才会真诚，心意真诚后思想才会端正，思想端正后才能加强自身修养，加强自身修养后才能管理好家，管理好家后才能治理好国，治理好国后天下才能太平。

　　上自帝王下至平民百姓，人人都要以陶冶身心、涵养德性为根本。若这个根本乱了，家、国、天下要治理好是不可能的。不分轻重缓急、本末倒置却想做好事情，这从未有过。

点评　以上是《大学》的经文总纲，讲的是"大学"的宗旨，即"明德""新民""止于至善"，前人称之为儒学自我修养的"三纲"。要实现"三纲"，就要通过"格物""致知""诚意""正心""修身""齐家""治国""平天下"来达到目的，这就是"八目"，它既是实现"三纲"的条目功夫，也是儒学提倡的人生进修阶梯。

　　《康诰》曰[1]："克明德[2]。"《大甲》曰[3]："顾諟天之明命[4]。"《帝典》曰[5]："克明峻德[6]。"皆自明也。

注释　[1]《康诰》：《尚书·周书》篇名。[2] 克：能够。[3]《大甲》：即《太甲》，《尚书·商书》篇名。[4] 顾：还视，目之所见。諟：即"是"，此，这。[5]《帝典》：即《尧典》，《尚书·虞书》篇名。[6] 峻德：崇高的品德。

译文　《康诰》说："能够弘扬明德。"《大甲》说："不忘这上天给予的圣明的教导。"《尧典》说："能够弘扬崇高的品德。"这些都说得很明白了。

汤之《盘铭》曰[1]:"苟日新[2],日日新,又日新。"《康诰》曰:"作新民[3]。"《诗》曰:"周虽旧邦,其命惟新[4]。"是故君子无所不用其极[5]。

注释 [1]汤:商汤王。盘铭:刻在盥洗盘器上用以劝诫自己的文辞。[2]苟:如果。日新:一天图新。[3]新民:使民众弃旧图新。[4]"周虽"二句:引自《诗经·大雅·文王》,大意是周朝虽然是古老的邦国,但它接受的天命是新的。[5]无所不用其极:指对高尚品德无处不追求极致。

译文 商汤王刻在盥洗盘器上的铭文说:"若能一天图新,就应天天图新,新了还要更新。"《康诰》说:"鼓励人弃旧图新。"《诗经》说:"周朝虽然是旧邦国,却禀受了新的天命。"所以,品德高尚的人无处不追求完善。

《诗》云:"邦畿千里,惟民所止[1]。"《诗》云:"缗蛮黄鸟,止于丘隅[2]。"子曰:"于止,知其所止,可以人而不如鸟乎!"

《诗》云:"穆穆文王,于缉熙敬止[3]!"为人君,止于仁;为人臣,止于敬;为人子,止于孝;为人父,止于慈;与国人交,止于信。

《诗》云:"瞻彼淇澳,菉竹猗猗。有斐君子,如切如磋,如琢如磨。瑟兮僩兮,赫兮喧兮。有斐君子,终不可喧兮[4]!"如切如磋者,道学也;如琢如磨者,自修也;瑟兮僩兮者,恂栗也[5];赫兮喧兮者,威仪也;有斐君子,终不可喧兮者,道盛德至善,民之不能忘也。

《诗》云:"于戏前王不忘[6]!"君子贤其贤而亲其亲,小人乐其乐而利其利,此以没世不忘也。

注释 [1]"邦畿"二句,引自《诗经·商颂·玄鸟》。邦畿,王城及其所属周围千里的地域。[2]"缗蛮"二句,引自《诗经·小雅·绵蛮》。缗蛮,鸟鸣声。[3]"穆穆"二句,引自《诗经·大雅·文王》。穆穆,仪容或言语和美。于,语气词。

缉，继续。熙，光明。敬止，敬仰。止，语气词。[4]"瞻彼"数句：引自《诗经·卫风·淇奥》。淇，水名。澳，今本《诗经》作"奥"，弯曲处。菉，今本《诗经》作"绿"。有斐，有文采的样子。切、磋、琢、磨，均是器物加工的工艺名称，加工兽骨谓之切，加工象牙谓之磋，加工玉谓之琢，加工石谓之磨，这里比喻道德学问方面互相研讨勉励。瑟，庄严的样子。僩，勇猛的样子。赫，显耀，显赫。喧，显赫。第二个"喧"，今本《诗经》作"谖"，忘。[5]恂栗，惊惧。[6]"于戏"一句：引自《诗经·周颂·烈文》。于戏，即呜呼，叹词。

译文 《诗经》说："京城及其周围，是百姓定居的地方。"《诗经》又说："嘤嘤叫着的黄鸟，栖息在山冈上。"孔子说："连黄鸟都知道它该在什么地方，难道人还可以不如鸟儿吗？"

　　《诗经》说："仪容和美的文王啊，光明磊落，值得敬仰。"做国君的，在于仁爱；做臣子的，在于恭敬；做子女的，在于孝顺；做父亲的，在于慈爱；与他人交往，在于讲诚信。

　　《诗经》说："看那淇水湾头，绿竹青葱婀娜。美君子文采风流，研究学问如切如磋；修炼自己如琢如磨。他庄严威武，仪表光明磊落。美君子文采风流，永远牢记不泯没。"所谓"如切如磋"，是指做学问的态度；所谓"如琢如磨"，是指自我修炼的精神；说他"庄严威武"，是指他有所戒惧；说他"光明磊落"，是指他有威仪；说"美君子文采风流，永远牢记不泯没"，是指由于他品德达到了最完善的境界，使人难以忘怀。

　　《诗经》说："呜呼，前代君王令人难忘啊！"这是因为君主们能够尊重贤人，亲近亲族，平民百姓享受他们的安乐，获得他们的利益。所以，人们永远不会忘记前代君王。

　　　　子曰[1]："听讼[2]，吾犹人也，必也使无讼乎！"无情者不得尽其辞[3]。大畏民志[4]，此谓知本。

注释 [1]子曰：此段话见于《论语·颜渊》。[2]听讼：审查诉讼案件。[3]无情者：隐瞒实情的人。尽其辞：尽情地表达虚诞之辞。[4]民志：民心。

译文 孔子说:"审理案子,我也和别人一样,目的是让诉讼不再发生。"使隐瞒实情的人不能信口开河,使民心有敬畏,这就叫作抓住了根本。

点评 以上是《大学》传文的前四章。第一章引用古书说明"明明德"是从尧舜时代就开始提倡了的。第二章讲"苟日新,日日新,又日新",是从动态的角度强调不断革新。第三章发挥"止于至善"的经义,要求通过"如切如磋,如琢如磨"的研修而达到"盛德至善"的目标。第四章通过孔子谈诉讼,强调凡事要抓住根本。在今天看来,我们应当加强道德修养,弘扬光明正大的品德,弃旧图新,追求完善。而且从年轻时就立下志向,找准自己的位置,定好自己的目标,培养健全的人格,为社会做出应有的贡献。

修齐治平

所谓修身在正其心者,身有所忿懥[1],则不得其正;有所恐惧,则不得其正;有所好乐,则不得其正;有所忧患,则不得其正。心不在焉,视而不见,听而不闻,食而不知其味。此谓修身在正其心。

注释 [1]身:程颐认为当为"心"字之误。忿懥(zhì):愤怒。

译文 之所以说修身要先端正自己的心,是因为心有愤怒就不能端正,心有恐惧就不能端正,心有喜好就不能端正,心有忧患就不能端正。心就像不在自己身上一样,虽然在看,却没看见;虽然在听,却没听见;虽然在吃东西,但却不知道是什么滋味。所以说,要修身必须先端正自己的心。

点评 以上是《大学》传文的第七章。在修齐治平一系列活动中,修身是第一步。而修身要先正心,正心是人生进修的基础。做大事就要尽量避免被各种不良情感所支配役使,这就是我们常说的要处理好情与理的关系。当然,情与理不是绝对对立的,正心不是要摒弃一切喜怒哀乐,而只是要让理驾驭情,使心思不完全被情所左右,从而情理和谐地修身养性。

所谓齐其家在修其身者：人之其所亲爱而辟焉[1]，之其所贱恶而辟焉，之其所畏敬而辟焉，之其所哀矜而辟焉，之其所敖惰而辟焉[2]。故好而知其恶，恶而知其美者，天下鲜矣！故谚有之曰："人莫知其子之恶，莫知其苗之硕。"此谓身不修不可以齐其家。

注释 [1] 之：对于。辟：偏。[2] 敖：骄傲，傲视。惰：怠慢。

译文 之所以说管家要先修炼自身，是因为人们对自己亲近的人会有偏爱；对自己厌恶的人会有偏恨；对自己敬畏的人会有偏向；对自己怜悯的人会有偏心；对自己瞧不起的人会有偏见。因此，喜爱某人又能看到那人的缺点，厌恶某人又能看到那人的优点的人，世上很少见。所以有谚语说："人都不知道自己孩子的坏，人都不满足自己庄稼的好。"这就是不修身就不能管好家的道理。

点评 以上是《大学》传文的第八章。儒学认为治国、平天下要先管好自己的家。中国人说："家和万事兴。"千万个家组成社会，家兴盛了，国才能兴盛，天下才能太平。而家与自身关系密切，要管好家，首先要克服感情偏私的问题，而这正属于修身的范围。所以儒家认为修身是齐家、治国、平天下的基础。

所谓治国必先齐其家者，其家不可教而能教人者，无之。故君子不出家而成教于国[1]：孝者，所以事君也；弟者[2]，所以事长也；慈者，所以使众也。《康诰》曰"如保赤子[3]"，心诚求之，虽不中不远矣[4]。未有学养子而后嫁者也！一家仁，一国兴仁；一家让，一国兴让；一人贪戾，一国作乱；其机如此。此谓一言偾事[5]，一人定国。尧舜帅天下以仁，而民从之；桀纣帅天下以暴，而民从之；其所令反其所好[6]，而民不从。是故君子有诸己而后求诸人，无诸己而后非诸人。所藏乎身不恕[7]，而能喻诸人者，未之有也。故治国在齐其家。《诗》云："桃之夭夭，其叶蓁蓁；之子于归，宜其家人[8]。"宜其家人，而后可以教国人。《诗》云:"宜兄宜弟[9]。"宜兄宜弟,而后可以教国人。《诗》云:"其仪不忒,正是四国[10]。"其为父子兄弟足法[11],而后民法之也。此谓治国在齐其家。

注释 [1] 不出家而成教于国:不出家门就受到了治国的教育。[2] 弟:弟弟尊重服从哥哥。[3] 如:今本《尚书》作"若"。赤子:婴儿。[4] 中:指达到目标。[5] 偾(fèn):败,坏。[6] 所令反其所好:命令的与他喜欢的相反。[7] 所藏乎身:藏在自己身上的品质。[8] "桃之"四句:引自《诗经·周南·桃夭》。夭夭,鲜嫩美丽的样子。蓁蓁,茂盛的样子。之,此。于归,出嫁。[9] 宜兄宜弟:引自《诗经·小雅·蓼萧》。[10] "其仪"二句:引自《诗经·曹风·鸤鸠》。忒,差错。[11] 法:效法。

译文 之所以说治理国家必须先管好自己,是因为不能管好家人而能管好别人的人,是没有的。所以,君子不出家门就能受到治国的教育:对父母的孝敬可以用于侍奉君主,对兄长的尊重可以用于侍奉尊长;对子女的慈爱可以用于统治民众。《康诰》说:"爱护民众如同爱护婴儿一样。"内心真去追求,即使达不到目标,也不会相差太远。没有先学会教养孩子再出嫁的人啊!一家仁爱,一国也会兴起仁爱;一家礼让,一国也会兴起礼让;一人贪婪暴戾,一国就会犯上作乱。其关键就是这样。这就是说:一句话就会坏事,一个人就能安定国家。尧舜用仁爱统治天下,老百姓就跟着仁爱;桀纣用凶暴统治天下,老百姓就跟着凶暴。命令人做的与他自己喜欢做的相反,老百姓就不会服从。所以,君子自己有了高尚品德,然后才要求别人;自己先不这样做,然后才要求别人不这样做。自己不具备宽厚的恕道,而能教导好别人,这样的事情从未有过。所以,要治国必须先管好自己的家。

《诗经》说:"桃花鲜嫩美丽,树叶长得茂密。这个姑娘出嫁,让全家都和睦。"能让全家和睦,然后才能教导全国的人和睦。

《诗经》说:"兄弟和睦。"兄弟和睦了,然后才能教导全国的人和睦。

《诗经》说:"容貌举止没有缺点,成为四方国家的表率。"当一个人无论是作为父亲、儿子时,还是兄长、弟弟时都值得人效法,老百姓才会效法他。

这就是要治国必须先管好家的道理。

点评 以上是《大学》传文的第九章。我国封建时代是以家族为中心的宗法制社会,家就是一个小的国,家长就是君王,国就是一个大的家,君王就是家长。等级制度、礼教规范贯穿国与家,因此,儒家主张"治国必先齐其家"。现代社会,情况发生了极大变化,国已不再是家长制统治,家也已不同程度地民主化。今天提倡的孝道,已被赋予了新的内容,这是社会发展的必然,也体现了儒家的"图新"观念。但这里提倡的"君子有诸己而后求诸人,无诸己而后非诸人"的思想却还有现实意义。

所谓平天下在治其国者:上老老而民兴孝[1],上长长而民兴弟,上恤孤而民不倍[2],是以君子有絜矩之道也[3]。

所恶于上,毋以使下;所恶于下,毋以事上;所恶于前,毋以先后;所恶于后,毋以从前;所恶于右,毋以交于左;所恶于左,毋以交于右:此之谓絜矩之道。

《诗》云:"乐只君子,民之父母。[4]"民之所好好之,民之所恶恶之,此之谓民之父母。《诗》云:"节彼南山,维石岩岩,赫赫师尹,民具尔瞻[5]。"有国者不可以不慎,辟则为天下僇矣[6]。《诗》云:"殷之未丧师,克配上帝;仪监于殷,峻命不易[7]。"道得众则得国,失众则失国。

注释 [1] 老老:尊敬老人。把老人当作老人看待。前一个"老"字用作动词。下句"长长"类此。[2] 倍:通"背",背弃。[3] 絜矩:儒家以絜矩来象征道德上的规范。絜,度量。矩,画方形的用具,引申为法度。[4] "乐只"二句:引自《诗经·小雅·南山有台》。只,语助词。[5] "节彼"四句:引自《诗经·小雅·节南山》。节,高大。岩岩,险峻的样子。师尹,太师尹氏,太师是周代的三公之一。尔,你。[6] 辟:偏。僇:通"戮",杀死。[7] "殷之"四句:引自《诗经·大雅·文王》。师，民众。配，符合。仪，宜。监，鉴戒。峻，大。不易，指不容易保有。

译文 之所以说平天下要先治好自己的国，是因为在上位的人对老人尊敬，老百姓就会孝敬父母；在上位的人对尊长恭顺，老百姓就会尊重兄长；在上位的人体恤救济孤儿，老百姓也会跟着去做。所以，品德高尚的人总是实行推己及人的"絜矩之道"。

厌恶上司对你的某种行为，就不要用这种行为对待下属；厌恶下属对你的某种行为，就不要用这种行为对待上司；厌恶你前面的人对你的某种行为，就不要用这种行为对待你后面的人；厌恶你后面的人对你的某种行为，就不要用这种行为对待你前面的人；厌恶你右边的人对你的某种行为，就不要用这种行为对待你左边的人；如果厌恶你左边的人对你的某种行为，就不要用这种行为对待你右边的人。这就叫作"絜矩之道"。

《诗经》说："使人心悦诚服的君主啊，是老百姓的父母。"老百姓喜欢的他也喜欢，老百姓厌恶的他也厌恶，这就可以说是老百姓的父母了。《诗经》说："巍峨的南山啊，岩石耸立。显赫的师尹啊，百姓都仰望你。"统治国家的人不可不谨慎。稍有偏颇，就会国破身亡。《诗经》说："殷朝没有丧失民心的时候，还能与上天的要求相符。应当拿殷朝做个鉴戒，守住天命不容易。"说的就是得民心就能得到国家，失民心就会失去国家。

是故君子先慎乎德。有德此有人[1]，有人此有土，有土此有财，有财此有用。德者本也，财者末也，外本内末，争民施夺[2]。是故财聚则民散，财散则民聚。是故言悖而出者[3]，亦悖而入；货悖而入者，亦悖而出。

《康诰》曰："惟命不于常！"道善则得之，不善则失之矣。

《楚书》曰[4]："楚国无以为宝，惟善以为宝[5]。"舅犯曰[6]："亡人无以为宝，仁亲以为宝。"

注释　[1]此：才。[2]争民：与民争利。施夺：施行劫夺之教。[3]悖：逆，不顺。[4]《楚书》：楚国的史书。[5]"楚国"二句：楚大臣王孙圉出使晋国。晋国赵简子问楚国珍宝美玉现在怎么样了。王孙圉答，楚国从未以美玉为宝，只是以有能力的大臣为宝。事见《国语·楚语》。[6]"亡人"二句：亡人，流亡的人，指重耳。重耳的父亲晋献公因受骊姬的谗言，逼迫太子申生自缢，重耳避难逃亡在外。晋献公逝世，秦穆公派人劝重耳归国掌政，重耳将此事告子犯，子犯以为不可，对重耳说了这几句话。事见《礼记·檀弓下》。舅犯，春秋时晋文公重耳的舅舅狐偃，字子犯。

译文　所以君子首先在德行方面慎重。有德才会有人，有人才能有土地，有土地才能有财富，有财富才能供给使用。德是本，财是末，假如疏远本而亲近末，就会夺取百姓的利益。所以，君王财富聚敛了，民心就会失散；散财于民，民心就会聚在一起。因此，你说了不讲道理的话，人家也会用不讲道理的话来回答你；从不正当来路得到的财货，也会因不正当的原因失去。

《康诰》说："天命是不会始终如一的。"这就是说，行善就会得到天命，不行善便会失去天命。

《楚书》说："楚国没有什么是宝，只是把善当作宝。"舅犯说："流亡的人没有什么是宝，只是把仁爱当作宝。"

《秦誓》曰[1]："若有一介臣，断断兮无他技[2]，其心休休焉[3]，其如有容焉。人之有技，若己有之，人之彦圣[4]，其心好之，不啻若自其口出，实能容之，以能保我子孙黎民，尚亦有利哉。人之有技，媢疾以恶之[5]，人之彦圣，而违之俾不通[6]，实不能容，以不能保我子孙黎民，亦曰殆哉[7]。"唯仁人放流之，迸诸四夷[8]，不与同中国[9]。此谓唯仁人为能爱人，能恶人。见贤而不能举，举而不能先，命也[10]；见不善而不能退，退而不能远，过也。好人之所恶，恶人之所好，是谓拂人之性[11]，灾必逮夫身[12]。是故君子有大道，必忠信以得之，骄泰以失之。

注释 [1]《秦誓》：《尚书》篇名。[2] 断断：专诚守一。[3] 休休：形容宽容，气魄大。[4] 彦：美好。圣：聪明睿智。[5] 媢疾：嫉恨。[6] 违：阻抑。俾：使。[7] 殆：危亡，危险。[8] 迸：通"屏"，驱逐。[9] 中国：泛指中原地区。[10] 命：郑玄认为当是"慢"字之误。[11] 拂：逆，违背。[12] 逮：及，到。

译文 《秦誓》说："如果有一位大臣，专诚守一而没有别的本领，但他心胸宽广，能容人。人家有本事，就如同他自己有一样；别人德才兼备，他心悦诚服，不只是在口头上称道。这种宽宏大量的人，是可以保住我的子孙臣民的，是能够为他们造福的啊！人家有本领，就妒忌、厌恶；人家德才兼备，便故意压制，使他的美德不为君主所了解，这种人心胸狭窄，不能保护我的子孙臣民，而且可以说是危险得很！"有仁德的人会把这种人流放，把他们驱逐到四方边远之地去，不让他们同住在中原。这就是说，唯仁人能爱憎分明。发现贤才而不能提拔，提拔了而不能重用，这是轻慢；发现恶人而不能罢免，罢免了而不能把他驱逐得远远的，这是过错。喜欢众人所厌恶的，厌恶众人所喜欢的，这是违背人的本性，灾难必定要落到自己身上。所以，君子有正确的途径：忠诚信义，便会获得一切；骄奢放纵，便会失去一切。

生财有大道，生之者众，食之者寡，为之者疾，用之者舒，则财恒足矣。仁者以财发身[1]，不仁者以身发财。未有上好仁而下不好义者也，未有好义其事不终者也，未有府库财非其财者也[2]。孟献子曰[3]："畜马乘不察于鸡豚[4]，伐冰之家不畜牛羊[5]，百乘之家不畜聚敛之臣[6]，与其有聚敛之臣，宁有盗臣[7]。"此谓国不以利为利，以义为利也。长国家而务财用者[8]，必自小人矣。彼为善之[9]，小人之使为国家[10]，灾害并至。虽有善者，亦无如之何矣！此谓国不以利为利，以义为利也。

注释 [1]发身：使自身发达。[2]府库财非其财：国库里的财富不是自己的财富了，谓财富丧失了。府库，国家收藏财物的地方。[3]孟献子：鲁国大夫，姓仲孙名蔑。[4]畜：养。马乘：四匹马。畜马乘是士人初做大夫官的待遇。察：关注。[5]伐冰之家：古代唯有卿大夫以上的贵族丧祭得以用冰，因以"伐冰之家"称达官贵族。伐冰，凿取冰块。[6]百乘之家：拥有一百辆兵车的卿大夫。家，卿大夫的封地。[7]"与其"二句：治国治家重义不重财，盗臣只损财，而聚敛之臣损义，故云。盗臣，谓盗窃府库财物的官吏。[8]长国家：成为国家之长，指做诸侯或卿大夫。[9]"彼为"句：此句上下疑有阙文或误字。[10]小人之使：任用小人。

译文 生财有正确的途径。生产的人多，消费的人少，生产的人努力，消费的人节省，财富便会经常充足。仁者仗义疏财以修炼自身，不仁者损害自身去发财。在上位的人喜爱仁，在下位的人就没有不喜爱义的，喜爱义，做事就没有半途而废的，国库里的财物就不会不属于国。孟献子说："养了四匹马的士大夫之家，就不在乎养不养鸡和小猪；祭祀用冰的达官贵族，就不必再养牛养羊；拥有一百辆兵车的卿大夫之家，就不要用聚敛民财的家臣。与其有聚敛之臣，不如有偷盗之臣。"这意思是说，国家不应以财货为利益，而应以道义为利益。做了国君却还一心想着聚敛财货，这必然是有小人在诱导，而那国君还以为他们是好人，让他们去管理国家，结果是天灾人祸一齐降临，纵然有贤能的人，也无可奈何了。这就是说，国家不应该以财货为利益，而应该以道义为利益。

点评 以上是《大学》的最后一章，论述"平天下在治其国"的主题。具体地说，包括以下几方面：一是"絜矩之道"，讲究对人要厚道，统治者要以身作则，做好表率。二是争取民心，得众则得国，失众则失国。荀子也说过："水则载舟，水则覆舟。"这个道理看似简单，却发人深思。三是当政者要能识人，而识人又以德为先。要求臣下心胸宽广，能容人，如果嫉贤妒能，即使有能力也危害无穷。四是利与义的问题，国不以利为利，以义为利。其中"仁者以财发身，不仁者以身发财"的观点，不管是在古代还是在今天，不仅对统治者的理政治国，而且对每个普通人的修身养性，都有重要意义。

学 以 致 用

积累篇

请同学们读一读下面的小故事，回答下面两个问题。

陈蕃，字仲举，汝南平舆人也。祖河东太守。蕃年十五，尝闲处一室，而庭宇芜秽。父友同郡薛勤来候之，谓蕃曰："孺子何不洒扫以待宾客？"蕃曰："大丈夫处世，当扫除天下，安事一室乎？"——《后汉书·陈蕃传》

问题一：结合所学《大学》内容，思考一下，陈蕃所说的"扫除天下"是什么意思？

问题二：如果同学们在做值日的时候，有同学偷懒，并且振振有词地用"大丈夫处世，当扫除天下，安事一室乎？"来辩解，你会怎样反驳？

研讨篇

《礼记·大学》中有这样一段话："为人君，止于仁；为人臣，止于敬；为人子，止于孝；为人父，止于慈；与国人交，止于信。"这段话阐述了我们身处人生的任何阶段，做任何事都应该达到明确的标准，这样才可以称得上"君子"，才会让人敬佩。对于青少年来说，最重要的角色是学生，那么作为一个学生，在"对待知识""对待老师""对待同学"等方面应该达到一个什么样的标准呢？请跟同学讨论一下。

学思篇

亲爱的同学们，正处于青春期的你们是不是开始对父母无微不至的关照、过细的嘱咐和种种限制，表现出强烈的不满，甚至反抗呢？《大学》开篇即言"古之欲明明德于天下者，先治其国；欲治其国者，先齐其家"，可见一个不孝敬父母，不会处理家庭矛盾，不具备和家人和谐相处能力的人是不会成功的。

那么当"青春期的你们"撞上"更年期的父母"时,该如何相处、如何沟通呢?请同学们讨论下面几个问题,拿出最好的办法,办一期板报,与大家共勉。

    1. 面对父母无休止的唠叨怎么办?

    2. 父母不尊重孩子的隐私怎么办?

    3. 父母总爱拿自己和别人家的孩子比较怎么办?

    4. 面对父母的专制怎么办?

大师说经典

朱自清说"四书"

"四书五经"到现在还是我们口头上一句熟语。"五经"是《易》《书》《诗》《礼》《春秋》;"四书"按照普通的顺序是《大学》《中庸》《论语》《孟子》,前二者又简称《学》《庸》,后二者又简称《论》《孟》,有了简称,可见这些书是用得很熟的。从前私塾里,学生入学,是从"四书"读起的。这是那些时代的小学教科书,而且是统一的标准的小学教科书,因为没有不用的。那时先生不讲解,只让学生背诵,不但得背正文,而且得背朱熹的小注。只要囫囵吞枣地念,囫囵吞枣地背;不懂不要紧,将来用得着,自然会懂的。怎么说将来用得着?那些时候实行科举制度。科举是一种竞争的考试制度,考试的主要科目是八股文,题目都出在"四书"里,而且是朱注的"四书"。科举分几级,考中的得个某种出身或资格,凭着这种资格可以建功立业,也可以升官发财;作好作歹,都得先弄个资格到手,科举几乎是当时读书人唯一的出路。每个学生都先读"四书",而且读的是朱注"四书",便是这个缘故。

将朱注"四书"定为科举用书,是从元仁宗皇庆二年(1313)起的。规定这四种书,自然因为这些书本身重要,有人人必读的价值;规定朱注,也因为朱注发明书义比旧注好些、切用些。这四种书原来并不在一起,《学》《庸》都在《礼记》里,《论》《孟》是单行的。这些书原来只算是诸子书,朱子原来也只称为"四子";但《礼记》《论》《孟》在汉代都立过博士,已经都升到经里去了。后来唐代的"九经"里虽然只有《礼记》,宋代的"十三经"却又将《论》《孟》收了进去。《中庸》很早就被人单独注意,汉代已有关于《中庸》的著作,六朝时也有,可惜都不传了。关于《大学》的著作却直到司马光的《大学通义》才开始,这部书也不传了。这些著作并不曾教《学》《庸》普及,教《学》《庸》和《论》《孟》同样普及的是朱子的注,"四书"也是他编在一起的,"四书"的名字也因他而有。

但最初用力提倡这几种书的是程颢、程颐兄弟。他们说："《大学》是孔门的遗书，是初学者入德的门径。只有从这部书里，还可以知道古人做学问的程序。从《论》《孟》里虽也可看出一些，但不如这部书的分明易晓。学者必须从这部书入手，才不会走错了路。"这里没提到《中庸》。可是他们是很推尊《中庸》的。他们在另一处说："'不偏'叫作'中'，'不易'叫作'庸'；'中'是天下的正道，'庸'是天下的定理。《中庸》是孔门传授心法的书，是子思记下来传给孟子的。书中所述的人生哲理，意味深长；会读书的细加玩赏，自然能心领神悟终身受用不尽。"这四种书到了朱子手里才打成一片。他接受二程的见解，加以系统地说明，四种书便贯串起来了。

他说，古来有小学大学。小学里教洒扫进退的规矩，和礼、乐、射、御、书、数，所谓"六艺"的。大学里教穷理、正心、修己、治人的道理。所教的都切于民生日用，都是实学。《大学》这部书便是古来大学里教学生的方法，规模大，节目详；而所谓"格物、致知、诚意、正心、修身、齐家、治国、平天下"，是循序渐进的。程子说是"初学者入德的门径"，就是为此。这部书里的道理，并不是为一时一事说的，是为天下后世说的。这是"垂世立教的大典"，所以程子举为初学者的第一部书。

《论》《孟》虽然也切实，却是"应机接物的微言"，问的不是一个人，记的也不是一个人。浅深先后，次序既不分明，抑扬可否，用意也不一样，初学者领会较难。所以程子放在第二步。至于《中庸》，是孔门的心法，初学者领会更难，所以程子另论。

但朱子的意思是，有了《大学》的提纲挈领，便能领会《论》《孟》里精微的分别去处；融贯了《论》《孟》的旨趣，也便能领会《中庸》里的心法。人有人心和道心：人心是私欲，道心是天理。人该修炼道心，克制人心，这是心法。朱子的意思是，不领会《中庸》里的心法，是不能从大处着眼，读天下的书、论天下的事的。所以他将《中庸》放在第三步，和《大学》《论》《孟》合为"四书"，作为初学者的基础教本。后来规定"四书"为科举用书，原也根据这番意思。不过朱子教人读"四书"，为的成人，后来人读"四书"，却重在猎取功名；这是不合于他提倡的本心的。至于顺序变为《学》《庸》《论》《孟》，那是书贾因为《学》《庸》篇页不多、合为一本的缘故；通行既久，居然约定俗成了。

《礼记》里的《大学》，本是一篇东西，朱子给分成经一章、传十章；传是解释经的。因为要使传合经，他又颠倒了原文的次序，并补上一段儿。他注《中庸》时，虽没有这样大的改变，可是所分的章节，也与郑玄注的不同。所以这两部书的注，称为《大学章句》《中庸章句》。《论》《孟》的注，却是融合各家而成，所以称为《论语集注》《孟子集注》。

《大学》的经一章，朱子想着是曾子追述孔子的话；传十章，他相信是曾子的意思，由弟子们记下的。《中庸》的著者，朱子和程子一样，都接受《史记》的记载，认为是子思。但关于书名的解释，他修正了一些。他说，"中"除"不偏"外，还有"无过无不及"的意思；"庸"解作"不易"，不如解作"平常"的好。照近人的研究，《大学》的思想和文字，很有和荀子相同的地方，大概是荀子学派的著作。《中庸》，首尾和中段思想不一贯，从前就有人疑心。照近来的看法，这部书的中段也许是子思原著的一部分，发扬孔子的学说，如"时中""忠恕""知仁勇""五伦"等。首尾，怕是另一关于《中庸》的著作，经后人混合起来的；这里发扬的是孟子的天人相通的哲理，所谓"至诚""尽性"，都是的。著者大约是一个孟子学派。

《论语》是孔子弟子们记的。这部书不但描述一个伟大的人——孔子，并且让读者学习许多做学问做人的道理，如"君子""仁""忠恕"，如"时习""阙疑""好古""隅反""择善""困学"等，都是可以终身应用的。《孟子》据说是孟子本人和弟子公孙丑、万章等共同编定的。书中说"仁"兼说"义"，分辨"义""利"甚严；而辩"性善"，教人求"放心"，影响更大。又说到"养浩然之气"，那"至大至刚""配义与道"的"浩然之气"，是修养的最高境界，符合天人相通的哲理。书中攻击杨朱、墨翟两派，词锋犀利，咄咄逼人。这在儒家叫作攻异端，功劳是很大的。

孟子生在战国时代，不免"好辩"，他自己也觉得的；他的话流露着"英气"，"有圭角"，和孔子的温润是不同的。所以儒家只称为"亚圣"，次于孔子一等。《孟子》有东汉的赵岐注。《论语》有孔安国、马融、郑玄诸家注，却都已残佚，只零星地见于魏何晏的《集解》里。汉儒注经，多以训诂名物为重，但《论》《孟》词意显明，所以只解释文句，推阐义理而止。魏晋以来，玄谈大盛，孔子已经道家化；解《论语》的也多参入玄谈，参入当时的道家哲学。这些后来却都不流行了。到了朱子，给《论》《孟》作注，虽说融会各家，其实也用他自己的哲学做架子。他注《学》《庸》，更显然如此。他的哲学切于世用，所以一般人接受了，将他解释的孔子当作真的孔子。

他那一套"四书"注实在用尽了平生的力量，改定至再至三；直到临死的时候，他还在改定《大学·诚意》章的注。注以外又作了《四书或问》，发扬注义，并论述对于旧说的或取或舍的理由。他在"四书"上这样下功夫，一面固然为了诱导初学者，一面便是为了排斥老、佛，建立道统。他在《中庸章句序》里论到诸圣道统的传承，末尾自谦地说，"于道统之传，不敢妄议"；其实他是隐隐在以传道统自期呢。《中庸》传授心法，正是道统的根本。将它加在《大学》《论》《孟》之后而成"四书"，朱子自己虽然说是给初学者打基础，但一大半恐怕还是为了建立道统，不过他自己不好说出罢了。他注"四书"在宋孝宗淳熙年间（1274—1289）。他死后朝廷将他的"四书"注审定为官书，从此盛行起来。他果然成了传儒家道统的大师。

——朱自清《经典常谈》

四 《中庸》选读

《中庸》是《礼记》中的一篇,《礼记》由诸多篇目汇集而成,《中庸》篇相传为子思所作。南宋朱熹《四书章句集注》将《中庸》《大学》两篇从《礼记》中独立出来,与《论语》《孟子》合称"四书",成为儒家核心典籍。

子思(约前483—前402),原名孔伋,孔子嫡孙。子思曾受教于孔子弟子曾参,孟子则自称受学于子思门人,是子思的再传弟子。后人将子思与孟子合称"思孟学派"。子思在儒家思想的传承上起到承前启后的作用,居功甚伟。

《中庸》的主题是自我教育,倡导经过自我教育而实现个人修养上的"中"与"和",进而让全社会形成中和的良好运行状态。《中庸》的自我教育、自我修养理论成为理学理论的核心。

中庸之道

天命之谓性[1],率性之谓道[2],修道之谓教。道也者,不可须臾离也[3],可离非道也。是故君子戒慎乎其所不睹,恐惧乎其所不闻[4]。莫见乎隐,莫显乎微,故君子慎其独也。喜怒哀乐之未发,谓之中;发而皆中节[5],谓之和。中也者,天下之大本也;和也者,天下之达道也。致中和[6],天地位焉,万物育焉。

注释 [1]天命:天赋。此处"命"是"指派、赋予"的意思,"天命"就是上天赋予人的,即天赋。[2]率性:遵从本性。率,按照。[3]须臾:片刻。[4]闻:听。[5]节:节制,调整。[6]致:达到。

译文 天赋叫作"性",顺遂本性行事叫作"道",修习"道"叫作"教"。道是不可以片刻离开的,可以离开的,就不是道了。所以君子对于他看不到的东西十分谨慎,对于他没有听说过的东西十分恐惧。在微小隐蔽的地方,人的言行很难显现,因此微小隐蔽的地方无人监督,修习"道"更加重要,所以君子在独处的时候十分谨慎。欢喜、愤怒、哀伤、快乐没有表现,叫作"中"。发泄出来却能加以节制,叫作"和"。中,是天下的根本。和,是天下兴盛的途径。达成"中"与"和",天地就会各安其位,万物就可以生生不息地繁育。

仲尼曰[1]:"君子中庸[2],小人反中庸。君子之中庸也,君子而时中;小人之中庸也[3],小人而无忌惮也。"

注释 [1]仲尼:即孔子,仲尼是孔子的字。[2]中庸:即中和以为常。庸,平常。[3]小人之中庸也:此处应为"小人之反中庸也"。

译文 仲尼说:"君子中庸,小人违背中庸。君子之所以能做到中庸,是因为君子每时每刻都能保持中和;小人之所以违背中庸,是因为小人没有顾忌、没有畏惧，肆意妄为。"

子曰："中庸其至矣乎[1]！民鲜能久矣[2]！"

注释 [1] 至：极，最高境界。[2] 鲜：少。

译文 孔子说："中庸大概是最高境界啊！很少有人能长久坚持中庸啊！"

子曰："道之不行也[1]，我知之矣，知者过之[2]，愚者不及也；道之不明也，我知之矣，贤者过之，不肖者不及也。人莫不饮食也，鲜能知味也。"

注释 [1] 道：此处指中庸之道。[2] 知者：智者，聪明人。知，通"智"。[3] 不肖者：不成材的人。肖，相似。不肖，不知类似什么样的人，也就是不成材。

译文 孔子说："中庸之道不能施行的原因，我知道了，聪明的人做得过了头，愚蠢的人又达不到中庸的要求。中庸之道不能彰显的原因，我知道了，贤明的人做得过了头；不贤明的人达不到要求。正如人们每天都要吃喝，但很少有人能够真正体会到食品的滋味。"

子曰："道其不行矣夫！"

译文 孔子说："中庸之道大概不能实现了啊！"

子曰："舜其大知也与！舜好问而好察迩言[1]，隐恶而扬善，执其两端[2]，用其中于民，其斯以为舜乎[3]！"

注释 [1] 迩言：浅近的话。迩，近。[2] 两端：两边。[3] 其：大概，语气词，表示推测。斯：这。

译文 孔子说:"舜可真是很聪明的人啊!他喜欢向人请教,又善于理解分析浅近的话。隐藏他人的缺点,宣扬他人的优点。偏激和保守的观点他同时掌握,采纳两者的折中方案,用于老百姓。这就是舜之所以成为舜的原因吧!"

子曰:"人皆曰予知[1],驱而纳诸罟擭陷阱之中[2],而莫之知辟也[3]。人皆曰予知,择乎中庸而不能期月守也[4]。"

注释 [1]予:我。[2]罟(gǔ):捕兽的网。擭(huò):捕兽的木笼。[3]辟(bì):通"避",躲避。[4]期(jī)月:一整月。

译文 孔子说:"人人都说自己很聪明,可是被驱赶到木笼兽网等陷阱中去时,却不知躲避。人人都说自己聪明,可是选择了中庸之道却连一个月的时间也不能坚持。"

子曰:"回之为人也[1],择乎中庸,得一善,则拳拳服膺而弗失之矣[2]。"

注释 [1]回:指孔子的学生颜回。[2]拳拳服膺:牢牢地放在心上。拳拳,紧握不舍。服,放置。膺,胸口。

译文 孔子说:"颜回是这样做的,他选择了中庸之道,得到了这一好处,就牢牢地把它放在心上,不再丢弃它。"

子曰:"天下国家可均也[1],爵禄可辞也[2],白刃可蹈也[3],中庸不可能也。"

注释 [1]均:即平,这里指治理,平冶。[2]爵:爵位。禄:薪俸。辞:放弃。[3]蹈:踩踏。

译文 孔子说:"天下国家可以治理,爵位薪酬可以放弃,锃亮的刀刃可以踩踏而无伤,中庸却很难做到。"

子路问强[1]。子曰:"南方之强与?北方之强与?抑而强与[2]?宽柔以教,不报无道[3],南方之强也,君子居之[4]。衽金革[5],死而不厌[6],北方之强也,而强者居之。故君子和而不流[7],强哉矫!中立而不倚,强哉矫!国有道,不变塞焉,强哉矫[8]!国无道,至死不变,强哉矫!"

注释 [1]子路:名仲由,孔子门生。[2]抑:选择性连词,意为"还是"。而:代词,你。与:通"欤",疑问语气词。[3]报:报复。[4]居:处。[5]衽:卧席,此处用为动词,以……为席。金:金属兵器。革:指皮革制成的盔甲盾牌。[6]厌:嫌弃。[7]流:随波逐流。[8]矫:雄健,也是强的意思。

译文 子路问什么是强。孔子说:"你是问南方的强?还是北方的强?还是你认为的强呢?用宽厚柔和的精神去教育人,人家对我不讲道义我也不报复,这是南方的强,有道德有修养的人具有这种强。用兵器甲盾当床铺,死而无憾,这是北方的强,雄健的人就具有这种强。所以,道德修养高的人随和却不随波逐流,这才是真的强啊!保持中立而不偏不倚,这才是真强啊!国家政治清明之时不改变心志,这才是真强啊!国家政治腐朽之时仍坚持操守,宁死不屈,这才是真强啊!"

点评 以上是《中庸》传文的前十章。儒家把"中庸"看成最高的道德标准和解决一切问题的最高智慧。中庸之道亦被称为"中和之道"。中不偏,庸不易。孔子认为,中庸大概是最高境界,很少有人能长久坚持中庸之道。在现实生活中,我们应当保持中正平和,加强道德修养,坚持操守,不偏不倚,坚守中和之道。

为政在人

哀公问政[1]。子曰:"文武之政,布在方策[2]。其人存[3],则其政举;

其人亡，则其政息[4]。人道敏政[5]，地道敏树。夫政也者，蒲卢也[6]。故为政在人，取人以身，修身以道，修道以仁。仁者人也，亲亲为大[7]；义者宜也[8]，尊贤为大；亲亲之杀[9]，尊贤之等，礼所生也。在下位不获乎上，民不可得而治矣！故君子不可以不修身；思修身，不可以不事亲；思事亲，不可以不知人；思知人，不可以不知天。"

注释 [1] 哀公：鲁哀公，春秋后期鲁国国君。"哀"是谥号。[2] 布：陈列。方：书写用的木板。策：书写用的竹简。[3] 其人：周文王、周武王。[4] 息：灭，消亡。[5] 敏：致力于。[6] 蒲卢：即芦苇，芦苇柔软可塑。[7] 亲亲：前一个亲是动词，亲爱；后一个是名词，亲族。[8] 宜：适当。[9] 杀（shā）：减少，与"隆"相对。

译文 鲁哀公询问政事。孔子说："周文王、周武王的政治理念都记载在典籍中。他们在世，这些政治制度就可以实施；他们去世，这些政治制度也就消亡了。管理人民的方法是勤于政务，管理土地的方法是多种植树木。政治，就像蒲卢一样，柔软可塑造。所以治理天下的关键还是在人。要想得到合适的治理人才，关键在于自我修养，自我修养的关键在于遵循中庸之道，遵循中庸之道的关键在于施行仁义。仁就是爱他人，亲爱亲族就是最大的仁。义就是做事适度，尊崇贤才就是最大的义。至于亲爱亲族要根据亲疏，推崇贤才要分等级，这是礼的要求。因此，君子不能不提高自我修养。想要提高自我修养，就不能不亲爱亲族；要想亲爱亲族，就不能不了解他人；要想了解他人，不能不知道天道。"

天下之达道五[1]，所以行之者三，曰：君臣也，父子也，夫妇也，昆弟也[2]，朋友之交也。五者天下之达道也。知、仁、勇三者，天下之达德也，所以行之者一也[3]。或生而知之，或学而知之，或困而知之，及其知之一也；或安而行之[4]，或利而行之[5]，或勉强而行之，及其成功一也。子曰："好学近乎知，力行近乎仁，知耻近乎勇。"

知斯三者，则知所以修身；知所以修身，则知所以治人；知所以治人，则知所以治天下国家矣。

注释 [1] 达道：大道，通途，这里引申为关系。[2] 昆弟：广义的兄弟，包括同父异母的兄弟、堂兄弟。[3] 一：一致，一样。[4] 安：心安，意为自觉主动地。[5] 利：利益，这里指为了利益去做事。

译文 天下普遍的人伦关系有五种，处理好这五种关系的方法有三种。五种关系是：国君和臣子、父亲和子女、丈夫和妻子、兄弟之间、朋友的交往。这五种关系，都是天下人共有的。智慧、仁义、勇敢，是最重要的三种道德。践行这三种道德的方法都是一致的。有的人生下来就知道，有的人通过后天学习才知道，有的人经历了困顿才知道。但是当他们领会了之后，结果都是一样的。有的人自觉主动地去践行，有的人因为利益的诱导才去践行，有的人是勉强去践行。但是，当他们成功了之后，结果都是一致的。孔子说："好学就接近智慧，努力践行就接近仁义，明白耻辱就接近勇敢。"知道这三点，就知道如何修身；知道如何修身，就知道如何管理他人；知道如何管理他人，就知道如何治理整个国家了。

凡为天下国家有九经，曰：修身也，尊贤也，亲亲也，敬大臣也，体群臣也，子庶民也[1]，来百工也[2]，柔远人也[3]，怀诸侯也[4]。修身则道立，尊贤则不惑，亲亲则诸父昆弟不怨，敬大臣则不眩，体群臣则士之报礼重，子庶民则百姓劝[5]，来百工则财用足，柔远人则四方归之，怀诸侯则天下畏之。齐明盛服[6]，非礼不动，所以修身也；去谗远色，贱货而贵德[7]，所以劝贤也；尊其位，重其禄，同其好恶，所以劝亲亲也；官盛任使[8]，所以劝大臣也；忠信重禄，所以劝士也；时使薄敛，所以劝百姓也；日省月试[9]，既禀称事[10]，所以劝百工也；送往迎来，嘉善而矜不能[11]，所以柔远人也；继绝世[12]，举废国[13]，治乱持危，朝聘以时[14]，厚往而薄来，所以怀诸侯也。

注释 [1] 子庶民：把百姓当作自己的子女。子，动词，以……为子。庶民，平民。[2] 来百工：找来各种工匠。百工，各种工匠，百是泛指。[3] 柔远民：安抚边远地区的人民。[4] 怀诸侯：安抚诸侯。怀与柔同义，安抚。[5] 劝：努力。[6] 齐（zī）明：明察遍晓，无所偏颇。[7] 贱货：看低财物。贱，看轻。货，财物。[8] 盛：大。任使：足够调用。[9] 省：视察。试：考核。[10] 既（xì）：即"饩"，赠送粮食。禀（bǐng）：给予粮食。称：符合。[11] 矜：同情。[12] 继绝世：延续已经中断的宗族关系。[13] 举：兴。[14] 朝聘：诸侯定期朝见天子的制度。每年一见叫小聘，三年一见叫大聘，五年一见叫朝。朝聘本质上是一种友好访问。

译文 治理天下有九大要诀，它们是：修养身心、尊奉贤才、亲爱亲族、尊敬大臣、体谅群臣、把平民子女当作自己的子女、招来各种工匠、安抚边远地区的人民、安抚各地诸侯。修养身心，那么道就会树立。尊奉贤才，就不会疑惑。亲爱亲族，父辈和兄弟们就不会怨恨。尊敬大臣，就不会眼花。体谅群臣，那么底层臣子就会对你礼数周到。把平民子女当作自己的子女，那么百姓就会努力向上。招来各种工匠，那么财物用度就会很充足。安抚边远地区的人民，四方的人民就会来归附。安抚各地诸侯，那么天下都会敬畏你。明察遍晓，衣服充足，不合乎礼的行为不去做，以此修身。远离逸言和美色，看轻财物而看中德行，以此来勉励贤才向上。尊重他的地位，重视他的俸禄，与他的喜好保持一致，以此来鼓励亲爱亲族。官员充足足够调用，以此来勉励大臣做事。对下层官员讲信义，并多给予他们俸禄，以此来劝勉其努力工作。在适当的季节征发劳役，少收赋税，以此来劝勉百姓。经常进行考核，赠与粮食与他所做的贡献吻合，以此来劝勉各种工匠。迎送访客和归人，奖励好的行为，同情能力弱的人，以此来安抚四方边远的人民。延续已经断绝的宗族世系，复兴已经荒废的邦国，治理乱世扶持危局，朝拜聘问按照时令规定，多多赠与而不苛求返还，以此来安抚各地诸侯。

凡为天下国家有九经，所以行之者一也。凡事豫则立[1]，不豫则废。言前定则不跲[2]，事前定则不困，行前定则不疚，道前定则不穷。

注释 [1] 豫：通"预"，预先准备。[2] 跲（jiá）：牵绊。

译文 治理国家有九条原则，实行他们的方法也是一致的。什么事情预先准备了就会成功，否则就会荒废。说话之前准备好要说什么，说话的时候就不会有牵绊。做事情之前就有谋划，那么做事的时候就不会困顿。做什么行为之前考虑好，就不会有愧疚。道路在行走之前就规划好，就不会无路可走。

在下位不获乎上，民不可得而治矣；获乎上有道：不信乎朋友，不获乎上矣；信乎朋友有道：不顺乎亲，不信乎朋友矣；顺乎亲有道：反诸身不诚，不顺乎亲矣；诚身有道：不明乎善，不诚乎身矣。诚者，天之道也；诚之者，人之道也。诚者不勉而中[1]，不思而得，从容中道，圣人也。诚之者，择善而固执之者也。

注释 [1] 中：合乎中道。

译文 地位在下的人，如果得不到上级的信任，就不可能治理好百姓。得到上级的信任有方法：如果得不到朋友的信任，也就得不到上级的信任。得到朋友的信任有方法：不孝顺亲人就得不到朋友的信任；孝顺父母有方法：自己不真诚就不能孝顺父母；使自己真诚有方法：不明白什么是善就不能使自己真诚。真诚是上天的原则。对他人真诚，是做人的原则。真诚的人，不用勉强就能合乎中道，不用思考就能获得真理。自然而然地顺遂中庸之道，这就是圣人了。对他人真诚，就要选择好的理念并且执着地坚守。

博学之，审问之，慎思之，明辨之，笃行之。有弗学，学之弗能弗措也[1]；有弗问，问之弗知弗措也；有弗思，思之弗得弗措也；有弗辨，辨之弗明弗措也；有弗行，行之弗笃弗措也；人一能之己百之，人十能之己千之。果能此道矣,虽愚必明,虽柔必强。"

注释 [1] 措:停止,罢休。

译文 广泛学习,详细询问,周密思考,清晰辨别,切实实行。要么就不学习,(要么就)学习了没有学会也绝不罢休;要么不询问,(要么就)询问了没有懂得绝不罢休;要么不思考,(要么就)思考了没有想通绝不罢休;要么不辨别,(要么就)辨别了没有明晰绝不罢休;要么不实行,(要么就)实行了没有成效绝不罢休。别人用一分努力就能做到的,我用一百分的努力去做;别人用十分的努力做到的,我用一千分的努力去做。如果真的按照这样的方法去做,虽然愚笨也一定能通达,虽然柔弱也一定能刚强。

点评 以上是《中庸》传文的第二十章。此前各章主要是从各方面论述中庸之道的普遍性和重要性,这一章则从鲁哀公询问政事引入,借孔子的回答提出了政事与人的修养的密切关系,从而推出天下人共有的五种伦常关系、三种德行以及治理国家的九条原则,最后落脚到"真诚"的问题上。在现实生活中,我们也应"择善固执",选定目标而执着追求。无论是学习、工作,还是生活的其他方面,我们都应有这样的精神和态度,克服一切困难,坚持不懈,取得成功。

学 以 致 用

积累篇

"中,即平常也,不如此,便非中,便不是平常。以至汤武之事亦然。又如当盛夏极暑时,须用饮冷,就叙处,衣葛,挥扇,此便是中,便是平常。当隆冬盛寒时,须用饮汤,就密室,重裘,拥火,此便是中,便是平常。若极暑时重裘拥火,盛寒时衣葛挥扇,便是差异,便是失其中矣。"

——朱熹《朱子语类》

这段话你读懂了吗?请借住字典或查找资料理解这段话,然后结合前面所学知识,谈谈你对"中庸"二字的理解。

研讨篇

通过前面的学习,你对"中庸"二字是否有了一定的认识?请做一做下面的选择题:下列哪些说法是符合"中庸之道"的哲学思想的?

A. 要注意劳逸结合,不要过于贪玩而放松了对自己的要求。

B. 对于各种业余爱好要牢记过犹不及,沉迷于网络游戏、动漫等有害身心。

C. 俗话说"枪打出头鸟",所以在任何场合不要积极表现自己,以免惹来麻烦。

D. 不是迫不得已,谁也不会走上违法犯罪的路,我们的法官在工作中也该走中庸之道,不要太严厉。

学思篇

1. 成语"过犹不及"就充分体现了中庸之道。生活中的许多事情,我们都知道过头了就会带来恶果。例如暴饮暴食不利于身体健康,运动过度会损伤肌肉或关节……请从生活中找一找,看看还有哪些类似的例子。

2.有人认为,"中庸之道"是文化糟粕,中国人的很多弱点、缺点——普遍缺乏创新精神,不思进取,不敢冒险,因循守旧,生怕枪打出头鸟等,都是受"中庸之道"的影响。对于这种观点,你怎么看?

大师说经典

梁启超谈君子

君子二字其意甚广,欲为之诠注,颇难得其确解。为英人所称劲德尔门(注:指 Gentleman)包罗众义与我国君子之意差相吻合。证之古史,君子每与小人对待,学善则为君子,学不善则为小人。君子小人之分,似无定衡。顾习尚沿传类以君子为人格之标准。望治者,每以人人有士君子之心相勖。《论语》云:"君子人与?君子人也,明乎君子品高,未易几及也。"

英美教育精神,以养成国民之人格为宗旨。国家犹机器也,国民犹轮轴也。转移盘旋,端在国民,必使人人得发展其本能,人人得勉为劲德尔门,即我国所谓君子者。莽莽神州,需用君子人,于今益极,本英美教育大意而更张之。国民之人格,骎骎日上乎。

君子之义,既鲜确诂,欲得其具体的条件,亦非易言。《鲁论》所述,多圣贤学养之渐,君子立品之方,连篇累牍势难胪举。周易六十四卦,言君子者凡五十三。乾坤二卦所云尤为提要钩元。乾象曰:"天行健,君子以自强不息。"坤象曰:"地势坤,君子以厚德载物。"推本乎此,君子之条件庶几近之矣。

乾象言,君子自励犹天之运行不息,不得有一暴十寒之弊。才智如董子,犹云勉强学问。《中庸》亦曰,或勉强而行之。人非上圣,其求学之道,非勉强不得入于自然。且学者立志,尤须坚忍强毅,虽遇颠沛流离,不屈不挠,若或见利而进,知难而退,非大有为者之事,何足取焉?人之生世,犹舟之航于海。顺风逆风,因时而异,如必风顺而后扬帆,登岸无日矣。

且夫自胜则为强,乍见孺子入水,急欲援手,情之真也。继而思之,往援则己危,趋而避之,私欲之念起,不克自胜故也。孔子曰:"克己复礼为仁。"王阳明曰:"治山中贼易,治心中贼难。"古来忠臣孝子愤时忧国奋不欲生,然或念及妻儿,辄有难于一死不能自克者。若能摈私欲尚果毅,自强不息,则自励之功与天同德，犹英之劲德尔门，见义勇为，不避艰险，非吾辈所谓君子其人哉？

坤象言君子接物，度量宽厚，犹大地之博，无所不载。君子责己甚厚，责人甚轻。孔子曰："躬自厚而薄责于人。"盖惟有容人之量，处世接物坦焉，无所芥蒂，然后得以膺重任，非如小有才者，轻佻狂薄，毫无度量，不然小不忍必乱大谋，君子不为也。当其名高任重，气度雍容，望之俨然，即之温然，此其所以为厚也，此其所以为君子也。

纵观四万万同胞，得安居乐业，教养其子若弟者几何人？读书子弟能得良师益友之薰陶者几何人？清华学子，荟中西之鸿儒，集四方之俊秀，为师为友，相蹉相磨，他年遨游海外，吸收新文明，改良我社会，促进我政治，所谓君子人者，非清华学子，行将焉属？

虽然君子之德风，小人之德草，今日之清华学子，将来即为社会之表率，语默作止，皆为国民所仿效。设或不慎，坏习惯之传行急如暴雨，则大事偾矣。深愿及此时机，崇德修学，勉为真君子，异日出膺大任，足以挽既倒之狂澜，作中流之砥柱，则民国幸甚矣。

五经卷

一　《诗经》选读

《诗经》是我国第一部诗歌总集，原本只称为"诗"或"诗三百"，后被儒家尊为经典，汉代始称"诗经"，共收诗三百零五篇（另有六篇只有题目）。这些诗歌早的产生于西周初（约前11世纪），晚的产生于春秋中期（约前7世纪）。其书编定约在公元前6世纪，编定者可能是周王朝乐官，相传到春秋末经孔子删定。

《诗经》中的诗歌本是可以配乐演唱的，根据作品的性质和乐调的不同，分为风、雅、颂三部分。"风"有十五国风，就是各诸侯国的土乐，多是采风所得，不少是各地的民间歌谣，包括《周南》《召南》《邶风》《鄘风》《卫风》《王风》《郑风》《齐风》《魏风》《唐风》《秦风》《陈风》《桧风》《曹风》《豳风》；"雅"分小雅、大雅，多是周王朝卿大夫的创作；"颂"有周颂、鲁颂、商颂，是朝廷祭祀鬼神赞美功德的乐章。

《诗经》中的作品反映了西周初到春秋中期约五百年间的社会面貌，有对黑暗现实的揭露和对统治者无耻行为的讽刺，有下层民众的劳动爱情生活的描写，也有对先祖创业武功的回忆与歌颂。

《诗经》的表现手法为"赋""比""兴"三种。赋是直接铺陈，比是譬喻和比拟，兴是先言他物以引起所喻之词。句式以四言为主，多隔句用韵。在篇章结构上，不少作品采用回旋形式，一唱三叹，这些特点对我国后代的诗歌创作产生了深远的影响。

汉　广[1]

　　南有乔木[2]，不可休思[3]。汉有游女[4]，不可求思。汉之广矣，不可泳思。江之永矣[5]，不可方思[6]。

　　翘翘错薪[7]，言刈其楚[8]。之子于归[9]，言秣其马[10]。汉之广矣，不可泳思。江之永矣，不可方思。

　　翘翘错薪，言刈其蒌[11]。之子于归，言秣其驹[12]。汉之广矣，不可泳思。江之永矣，不可方思。

注释　[1]本诗选自《国风·周南》。[2]乔木：高大的植物。[3]休：止息。思：语气助词，没有实义。[4]汉：汉水。游女：在岸边游玩的女子。[5]江：长江。永：水流长。[6]方：木筏，这里用作动词，意思是乘坐木筏渡江。[7]翘翘：高出的样子。错薪：杂乱的柴草。[8]刈：割。楚：落叶灌木，荆条。比喻众女都很贞洁，作者尤其想追求最高洁的那位。[9]归：嫁。[10]秣：喂马。[11]蒌：蒌蒿，草名。[12]驹：小马。

点评　全诗描写了一位樵夫在伐木刈薪的劳作过程中，想起钟爱的对象便情丝缠绕，渴望却不可及，因此吟唱此诗，倾吐苦恼惆怅情绪的情景。诗歌采用重章叠句的手法，层层关联递进，一步一步将樵夫对游女的思慕之心表达得更为细致；同时以景写情，融情入景，幻想心爱之人就要嫁给自己，然而最终幻想破灭，只能对着江水独自感伤。

蒹　葭[1]

　　蒹葭苍苍[2]，白露为霜。所谓伊人[3]，在水一方[4]。溯洄从之[5]，道阻且长[6]。溯游从之[7]，宛在水中央[8]。

蒹葭萋萋，白露未晞[9]。所谓伊人，在水之湄[10]。溯洄从之，道阻且跻[11]。溯游从之，宛在水中坻[12]。

蒹葭采采，白露未已[13]。所谓伊人，在水之涘[14]。溯洄从之，道阻且右[15]。溯游从之，宛在水中沚[16]。

注释 [1]本诗选自《国风·秦风》。[2]蒹：没长穗的芦苇。葭：初生的芦苇。苍苍：茂盛的样子。下文"萋萋""采采"义同。为：凝结为。[3]伊人：那人，指意中人。[4]一方：那一边，指水的彼岸。[5]溯洄：逆流而上。从：追寻。[6]道路阻碍，意思是道路难走。[7]溯游：顺流而下。[8]宛：宛如，好像。[9]晞：干。[10]湄：水草交接之处，指岸边。[11]跻：登，升高，指水中高地。[12]坻：水中的小洲。[13]已：完毕。未已，指白露没有被太阳蒸发晒干。[14]涘：水边。[15]右：迂回曲折。[16]沚：水中的小块陆地。

点评 这首诗表现了主人公对美好爱情的执着追求和追求不得的惆怅心情。诗的每章开头都采用了起兴的手法，通过描写眼前茂盛的芦苇和未干的白露的景色，描画出一个空灵缥缈的意境，渲染了深秋空寂悲凉的氛围。全诗弥漫着缠绵凄婉的情致，表达了诗人热切思慕对方却又怅然若失的心境。

芣苢[1]

采采芣苢[2]，薄言采之[3]。采采芣苢，薄言有之[4]。

采采芣苢，薄言掇之[5]。采采芣苢，薄言捋之[6]。

采采芣苢，薄言袺之[7]。采采芣苢，薄言襭之[8]。

注释 [1]本诗选自《国风·周南》。[2]采采：采了又采。芣苢：植物名，一说是车前子。[3]薄言：发语词，没有实义，在这里只起到补充音节的作用。[4]有：取得。[5]掇：拾取。[6]捋：用手沿着茎成把的摘取。[7]袺（jié）：用衣襟兜着。[8]襭（xié）：把衣襟插在腰带上兜东西。

点评 这是周代人民采集植物劳作时所吟唱的歌谣。本诗采用了重章叠句的手法，全诗共三章十二句，却只有六个动词：采、有、掇、捋、袺、襭，是不断变化的，其余全是重复，因此也产生了一种简单明快、回环往复的音乐感。从泛泛地摘取到满载而归，全诗充满了妇女劳动的欢欣与热情，洋溢着收获的喜悦。

七 月[1]

七月流火[2]，九月授衣[3]。一之日觱发[4]，二之日栗烈[5]。无衣无褐，何以卒岁？三之日于耜[6]，四之日举趾[7]。同我妇子，馌彼南亩[8]。田畯至喜[9]。

七月流火，九月授衣。春日载阳[10]，有鸣仓庚[11]。女执懿筐[12]，遵彼微行[13]，爰求柔桑[14]。春日迟迟[15]，采蘩祁祁[16]。女心伤悲，殆及公子同归[17]。

七月流火，八月萑苇[18]。蚕月条桑[19]，取彼斧斨[20]。以伐远扬[21]，猗彼女桑[22]。七月鸣鵙[23]，八月载绩[24]。载玄载黄，我朱孔阳[25]，为公子裳。

注释 [1]本诗选自《国风·豳风》。[2]火：星宿名，又称大火。流：下，夏历五月，此星宿在正南方，过了六月就偏西向下运行。所以称为"流火"。[3]授衣：让妇女裁制冬衣。[4]一之日：周历一月，夏历十一月。以下类推。觱（bì）发：寒风凛冽。[5]栗烈：寒气。褐：粗布衣服。卒岁：年底。[6]于：修理。耜：古代的一种农具。[7]举趾：抬起脚，指下地干活。[8]馌：去田间送饭。[9]田畯：掌管农田的官员。[10]春日：指二月。载：始。阳：温暖。[11]仓庚：鸟名，即黄鹂。[12]懿筐：深筐。[13]微行：小道。[14]爰：语气词。柔桑：初生的桑叶。[15]迟迟：慢慢，舒缓。[16]蘩：白蒿。祁祁：众多。

[17]公子：国君或诸侯之子。归：女子出嫁。[18]萑苇：芦苇。[19]蚕月：养蚕的月份，指夏历三月。条：修剪。[20]斧"斨"：装柄处圆孔的叫斧，方孔的叫斨。[21]远扬：向上长的长枝条。[22]猗：去叶存条。[23]鵙（jú）：伯劳鸟，叫声响亮。[24]绩：织麻。[25]孔阳：明亮鲜艳。

四月秀葽[1]，五月鸣蜩[2]。八月其获，十月陨萚[3]。一之日于貉，取彼狐狸，为公子裘。二之日其同，载缵武功[4]。言私其豵[5]，献豜于公[6]。

五月斯螽动股[7]，六月莎鸡振羽[8]。七月在野，八月在宇，九月在户，十月蟋蟀，入我床下。穹窒熏鼠[9]，塞向墐户[10]。嗟我妇子，曰为改岁[11]，入此室处。

六月食郁及薁[12]，七月亨葵及菽[13]。八月剥枣[14]，十月获稻。为此春酒[15]，以介眉寿[16]。七月食瓜，八月断壶[17]，九月叔苴[18]，采荼薪樗[19]。食我农夫。

注释 [1]秀：不开花就结果。葽：草名。[2]蜩：蝉，知了。[3]陨：坠落。萚：枝叶脱落。[4]缵：继续。武功：功事，指打猎。[5]豵（zōng）：一岁的野猪。在此泛指小的野兽。[6]豜（jiān）：三岁的野猪。在此泛指大的野兽。[7]斯螽：蚱蜢。动股：蚱蜢鸣叫时要弹动腿。[8]莎鸡：虫名，纺织娘。[9]穹窒：堵塞老鼠洞。[10]向：朝北的窗户。墐：用泥糊住。[11]改岁：除夕。[12]郁：植物名，树高五六尺，果实红色，像李子。薁：植物名，果实大如桂圆。一说为野葡萄。[13]菽：豆的总名。[14]剥：读为"扑"，打。[15]春酒：冬天酿酒，春天酿成。[16]介：祈求。眉寿：长寿，人老眉间有豪毛，叫秀眉，所以长寿称"眉寿"。[17]壶：葫芦。[18]叔：拾。苴：秋麻之籽，可以吃。[19]樗：木名，臭椿。薪樗：采樗木做薪柴。

九月筑场圃[1]，十月纳禾稼[2]。黍稷重穋[3]，禾麻菽麦[4]。嗟我农夫，我稼既同，上入执宫功[5]。昼尔于茅[6]，宵尔索绹[7]，亟其乘屋[8]，其始播百谷。

二之日凿冰冲冲[9]，三之日纳于凌阴[10]。四之日其蚤[11]，献羔祭韭[12]。九月肃霜[13]，十月涤场[14]。朋酒斯飨[15]，曰杀羔羊，跻彼公堂[16]。称彼兕觥[17]：万寿无疆[18]！

注释 [1]场：打谷场。圃：菜园。[2]纳：收入谷仓。禾稼：谷类的通称。[3]重：即"种"，是先种后熟的谷。穋：即"穉"，穉是后种先熟的谷。[4]菽：谷物。[5]功：事功，指建筑宫室。[6]昼尔于茅：白天取茅草。[7]索绹：打绳子。[8]亟：急。乘屋：盖屋。[9]冲冲：凿冰的声音。[10]凌：是聚集的水。阴：指藏冰的地方。[11]蚤：通"早"。[12]用韭菜和羔羊祭祖。[13]肃霜：天气高爽。[14]涤场：打扫场地。[15]朋酒：两樽酒。[16]跻：登。堂：公共的朝堂。[17]称：举。兕觥：角爵，古代用兽角做的酒器。[18]万：大。无疆：无穷。意思是祝君长寿。

点评 本诗是《诗经·国风》中最长的一首诗。诗歌采用平铺直叙的手法，以季节时间为线索，依次描写了周代每个夏历月的农事活动，展现了上古时期的农业生产面貌以及农民的日常生活情况。读此诗，仿佛眼前出现了一幅古代奴隶社会阶级压迫的图画：男女奴隶们一年到头无休止地劳动，到头来都被贵族们剥夺得一干二净。诗句在叙述中夹杂着怨叹和悲哀，用活生生的事实来揭露奴隶主的罪恶和残酷。本诗语言风格朴实，语气凄苦，字字句句向读者诉说着那段沉重的历史。

东 山[1]

我徂东山[2]，慆慆不归[3]。我来自东，零雨其濛。我东曰归，我心西悲。制彼裳衣，勿士行枚[4]。蜎蜎者蠋[5]，烝在桑野[6]。敦彼独宿，亦在车下。

我徂东山，慆慆不归。我来自东，零雨其濛。果臝之实[7]，亦施于宇[8]。伊威在室[9]，蠨蛸在户[10]。町畽鹿场[11]，熠燿宵行[12]。不可畏也，伊可怀也。

注释 [1]本诗选自《国风·豳风》。[2]徂：往，去。东山：今山东境内，周公东征之地。[3]慆慆：时间久。[4]士：通"事"。枚：士兵行军途中衔在嘴里保证不会出声的竹棍。[5]蜎蜎：幼虫蜷曲的样子。蠋：一种野蚕。[6]烝：久。[7]果臝(luǒ)：栝楼，葫芦科植物。[8]施：蔓延。[9]伊威：一种小虫，俗称土虱。[10]蠨蛸：一种蜘蛛。[11]町畽：野兽的痕迹。[12]熠燿：光明的样子。宵行：磷火。

我徂东山，慆慆不归。我来自东，零雨其濛。鹳鸣于垤[1]，妇叹于室。洒扫穹窒，我征聿至[2]。有敦瓜苦[3]，烝在栗薪[4]。自我不见，于今三年。

我徂东山，慆慆不归。我来自东，零雨其濛。仓庚于飞，熠燿其羽。之子于归，皇驳其马[5]。亲结其缡[6]，九十其仪[7]。其新孔嘉，其旧如之何？

注释 [1]鹳：一种水鸟。垤：小土丘。[2]聿：语气助词，有将要的意思。[3]瓜苦：犹言瓜瓠，瓠瓜，一种葫芦。古俗在婚礼上剖瓠瓜成两张瓢，夫妇各执一瓢盛酒漱口。比喻妇人在家思念其君，内心苦楚。[4]栗薪：犹言积薪，束薪。[5]皇驳：马毛淡黄的叫皇，淡红的叫驳。[6]亲：此指女方的母亲。结缡：将佩巾结在带子上，是一种古代结婚礼仪。[7]九十：比喻数量多。

点评 这是一首战争题材的诗歌。诗中描写了一位战士远赴东山出征多年，思念家乡，在回家途中心情复杂，想象家中近况的情景。表现了主人公厌倦战争，盼望早日回家与亲人团聚的情感。通过主人公的回忆与幻想，诗句将读者带入了彼时的情形,让人真切地感受到征人的思乡的苦痛处处蔓延在诗句之中,让读者不禁在同情之余反思战争给人民带来的创伤,热切呼唤和平。

无 衣[1]

岂曰无衣[2]?与子同袍[3]。王于兴师[4],修我戈矛。与子同仇[5]!

岂曰无衣?与子同泽[6]。王于兴师,修我矛戟。与子偕作[7]!

岂曰无衣?与子同裳[8]。王于兴师,修我甲兵[9]。与子偕行[10]!

注释 [1]本诗选自《国风·秦风》。[2]无衣:没有衣服穿。[3]袍:长袍,即现在的斗篷。[4]王:周王,一说指秦王。兴师:发动部队。[5]同仇:共同对抗敌人。[6]泽:内衣、汗衫。[7]作:起。[8]裳:下衣,指战裙。[9]甲兵:铠甲和兵器。[10]行:往、去。

点评 这是一首慷慨激昂、同仇敌忾的战歌。作品采用重章叠句的手法,每段字数和结构相同,只是更改了几处近义的词。虽然重复吟唱,但内容却是层层递进,不断发展,情绪也逐渐高涨,最终君民一心,共同上阵对抗敌人。诗歌读来矫健爽朗,体现了古人团结协作、共御外侮的爱国主义精神和英雄气概。另外,"袍泽"一词的出处就是这首诗。

学 以 致 用

积累篇

赋、比、兴是《诗经》的主要表现手法。朱熹在《诗集传》中说:"赋者,敷也,敷陈其事而直言之者也。比者,以彼物比喻此物也。兴者,先言他物以引起所咏之辞也。"试找出本章选文中赋、比、兴的诗句,并体会其表达效果。

研讨篇

《诗经》对后世影响深远。孔子说:"不学诗,无以言。"李白"大雅久不作,吾衰竟谁陈",杜甫更是"别裁伪体亲风雅"。请查找相关资料,谈一谈《诗经》对后世文学创作有哪些影响。

学思篇

"绿草苍苍,白雾茫茫,有位佳人,在水一方……"邓丽君演唱的这首《在水一方》已成为经典歌曲,红遍大江南北。你知道吗?这首歌曲的歌词取自《诗经·蒹葭》。其实,《诗经》中还有许多篇章和名句被写入歌曲。你能找一首读一读、唱一唱吗?

大 师 说 经 典

朱自清谈《诗经》

  诗的源头是歌谣。上古时候，没有文字，只有唱的歌谣，没有写的诗。一个人高兴的时候或悲哀的时候，常愿意将自己的心情诉说出来，给别人或自己听。日常的言语不够劲儿，便用歌唱；一唱三叹得叫别人回肠荡气。唱叹再不够的话，便手也舞起来了，脚也蹈起来了，反正要将劲儿使到了家。碰到节日，大家聚在一起酬神作乐，唱歌的机会更多。或一唱众和，或彼此竞胜。传说葛天氏的乐八章，三个人唱，拿着牛尾，踏着脚，似乎就是描写这种光景的。歌谣越唱越多，虽没有书，却存在人的记忆里。有了现成的歌儿，就可借他人酒杯，浇自己块垒；随时拣一支合式的唱唱，也足可消愁解闷。若没有完全合式的，尽可删一些，改一些，到称意为止。流行的歌谣中往往不同的词句并行不悖，就是为此。可也有经过众人修饰，成为定本的。歌谣真可说是"一人的机锋，多人的智慧"了。

  歌谣可分为徒歌和乐歌。徒歌是随口唱，乐歌是随着乐器唱。徒歌也有节奏，手舞脚蹈便是帮助节奏的；可是乐歌的节奏更规律化些。乐器在中国似乎早就有了，《礼记》里说的土鼓、土槌儿、芦管儿，也许是我们乐器的老祖宗。到了《诗经》时代，有了琴瑟钟鼓，已是洋洋大观了。歌谣的节奏，最主要的靠重叠或叫复沓；本来歌谣以表情为主，只要翻来覆去将情表到了家就成，用不着费话。重叠可以说原是歌谣的生命，节奏也便建立在这上头。字数的均齐，韵脚的调协，似乎是后来发展出来的。有了这些，重叠才在诗歌里失去主要的地位。

  有了文字以后，才有人将那些歌谣记录下来，便是最初的写的诗了。但记录的人似乎并不是因为欣赏的缘故，更不是因为研究的缘故。他们大概是些乐工，乐工的职务是奏乐和唱歌；唱歌得有词儿，一面是口头传授，一面也就有了唱本儿。歌谣便是这么写下来的。我们知道春秋时的乐工就和后世阔人家的戏班子一样，老板叫作太师。那时各国都养着一班乐工，各国使臣往来，宴会时都得奏乐唱歌。太师们不但得搜集本国乐歌，还得搜集别国乐歌。不但搜集乐词，还得搜集乐谱。那时的社会有贵族与平民两级。太师们是伺候贵族的，所搜集的歌儿自然得合贵族们的口味；平民的作品是不会入选的。他们搜得的歌谣，有些是乐歌，有些是徒歌。徒歌得合乐才好用。合乐的时候，往往得增加重叠的字句或章节，便不能保存歌词的原来样子。除了这种搜集的歌谣以外，太师们所保存的还有贵族们为了特种事情，如祭祖、宴客、房屋落成、出兵、打猎等作的诗。这些可以说是典礼的诗。又有讽谏、颂美等的献诗；献诗是臣下作了献给君上，准备让乐工唱给君上听的，可以说是政治的诗。太师们保存下这些唱本儿，带着乐谱；唱词儿共有三百多篇，当时通称作"诗三百"。到了战国时代，贵族渐渐衰落，平民渐渐抬头，新乐代替了古乐，职业的乐工纷纷散走。乐谱就此亡失。但是还有三百来篇唱词儿流传下来，便是后来的《诗经》了。

"诗言志"是一句古话；"诗"这个字就是"言""志"两个字合成的。但古代所谓"言志"和现在所谓"抒情"并不一样；那"志"总是关联着政治或教化的。春秋时通行赋诗。在外交的宴会里，各国使臣往往得点一篇诗或几篇诗叫乐工唱。这很像现在的请客点戏，不同处是所点的诗句必加上政治的意味。这可以表示这国对那国或这人对那人的愿望、感谢、责难等，都从诗篇里断章取义。断章取义是不管上下文的意义，只将一章中一两句拉出来，就当前的环境，作政治的暗示。如《左传》襄公二十七年，郑伯宴晋使赵孟于垂陇，赵孟请大家赋诗，他想看看大家的"志"。子太叔赋的是《野有蔓草》。原诗首章云："野有蔓草，零露漙兮，有美一人，清扬婉兮。邂逅相遇，适我愿兮。"子太叔只取末两句，借以表示郑国欢迎赵孟的意思，上文他就不管。全诗原是男女私情之作，他更不管了。可是这样办正是"诗言志"；在那回宴会里，赵孟就和子太叔说了"诗以言志"这句话。

到了孔子时代，赋诗的事已经不行了，孔子却采取了断章取义的办法，用《诗》来讨论做学问、做人的道理。"如切如磋，如琢如磨"，本来说的是治玉，将玉比人。他却用来教训学生做学问的功夫。"巧笑倩兮，美目盼兮，素以为绚兮"，本来说的是美人，所谓天生丽质。他却拉出末句来比方作画，说先有白底子，才会有画，是一步步进展的；作画还是比方，他说的是文化，人先是朴野的，后来才进展了文化——文化必须修养而得，并不是与生俱来的。他如此解诗，所以说"思无邪"一句话可以包括"《诗》三百"的道理；又说诗可以鼓舞人，联合人，增加阅历，发泄牢骚，事父事君的道理都在里面。孔子以后，"《诗》三百"成为儒家的"六经"之一，《庄子》和《荀子》里都说到"诗言志"，那个"志"便指教化而言。

但春秋时列国的赋诗只是用诗，并非解诗；那时诗的主要作用还在乐歌，因乐歌而加以借用，不过是一种方便罢了。至于诗篇本来的意义，那时原很明白，用不着讨论。到了孔子时代，诗已经不常歌唱了，诗篇本来的意义，经过了多年的借用，也渐渐含糊了。他就按着借用的办法，根据他教授学生的需要，断章取义地来解释那些诗篇。后来解释《诗经》的儒生都跟着他的脚步走。最有权威的毛氏《诗传》和郑玄《诗笺》差不多全都是断章取义，甚至断句取义——断句取义是在一句两句里拉出一个两个字来发挥，比起断章取义，真是变本加厉了。

毛氏有两个人：一个毛亨，汉时鲁国人，人称为大毛公，一个毛苌，赵国人，人称为小毛公。是大毛公创始《诗经》的注解，传给小毛公，在小毛公手里完成的。郑玄是东汉人，他是专给毛《传》作《笺》的，有时也采取别家的解说；不过别家的解说在原则上也还和毛氏一鼻孔出气，他们都是以史证诗。他们接受了孔子"无邪"的见解，又摘取了孟子的"知人论世"的见解，以为用孔子的诗的哲学，别裁古代的史说，拿来证明那些诗篇是什么时代作的，为什么事作的，便是孟子所谓"以意逆志"。其实孟子所谓"以意逆志"倒是说要看全篇大意，不可拘泥在字句上，与他们不同。他们这样猜出来的作诗人的志，自然不会与作诗人相合；但那种志倒是关联着政治教化而与"诗言志"一语相合的。这样的以史证诗的思想，最先具体的表现在《诗序》里。

《诗序》有《大序》《小序》。《大序》好像总论，托名子夏，说不定是谁作的。《小序》每篇一条，大约是大小毛公作的。以史证诗，似乎是《小序》

的专门任务；传里虽也偶然提及，却总以训诂为主，不过所选取的字义，意在助成序说，无形中有个一定方向罢了。可是《小序》也还是泛说的多，确指的少。到了郑玄，才更详密地发展了这个条理。他按着《诗经》中的国别和篇次，系统地附和史料，编成了《诗谱》，差不多给每篇诗确定了时代；《笺》中也更多地发挥了作为各篇诗的背景的历史。以史证诗，在他手里算是集大成了。

《大序》说明诗的教化作用：这种作用似乎建立在风、雅、颂、赋、比、兴，所谓"六义"上。《大序》只解释了风、雅、颂。说风是风化（感化）、讽刺的意思，雅是正的意思，颂是形容盛德的意思。这都是按着教化作用解释的。照近人的研究，这三个字大概都从音乐得名。风是各地方的乐调，《国风》便是各国土乐的意思。雅就是"乌"字，似乎描写这种乐的呜呜之音。雅也就是"夏"字，古代乐章叫作"夏"的很多，也许原是地名或族名。雅又分《大雅》《小雅》，大约也是乐调不同的缘故。颂就是"容"字，容就是"样子"；这种乐连歌带舞，舞就有种种样子了。风、雅、颂之外，其实还该有个"南"。南是南音或南调，《诗经》中《周南》《召南》的诗，原是相当于现在河南、湖北一带地方的歌谣。《国风》旧有十五，分出二南，还剩十三；而其中邶、鄘两国的诗，现经考定，都是卫诗，那么只有十一《国风》了。颂有《周颂》《鲁颂》《商颂》，《商颂》经考定实是《宋颂》。至于搜集的歌谣，大概是在二南、《国风》和《小雅》里。

赋、比、兴的意义，说数最多。大约这三个名字原都含有政治和教化的意味。赋本是唱诗给人听，但在《大序》里，也许是"直铺陈今之政教善恶"的意思。比、兴都是《大序》所谓"主文而谲谏"，不直陈而用譬喻叫"主文"，委婉讽刺叫"谲谏"。说的人无罪，听的人却可警诫自己。《诗经》里许多譬喻就在比兴的看法下，断章断句地硬派作政教的意义了。比、兴都是政教的譬喻，但在诗篇发端的叫作兴。《毛传》只在有兴的地方标出，不标赋、比；想来赋义是易见的，比、兴虽都是曲折成义，但兴在发端，往往关系全诗，比较更重要些，所以便特别标出了。《毛传》标出的兴诗，共一百十六篇，《国风》中最多，《小雅》第二；按现在说，这两部分搜集的歌谣多，所以譬喻的句子也便多了。

二　《尚书》选读

　　《尚书》，即"上古之书"，最早名为《书》，是中国最早的一部历史文献。书中记载了虞、夏、商、周时期君王治国、征战、祭祀等政治活动和君臣的谈话，是研究上古社会的重要史料。

　　相传《尚书》为孔子所作，原有一百篇，并有《书序》附在各篇之前。经过秦火，其抄本几乎全部被毁坏。汉代复兴儒学，有一位秦博士，名为伏生，能够口诵《尚书》，因此旁人用汉代通行文字隶书记录，写成《尚书》二十八篇，后被人称为"今文《尚书》"。西汉时期，据传鲁恭王在孔子旧居发现"壁中书"，以先秦六国时的字体书写，后人称为"古文《尚书》"。孔子后人孔安国整理古文《尚书》，篇目比今文《尚书》多出十六篇。西晋永嘉年间，战乱频起，今、古文《尚书》全都散佚了。东晋初年，豫章内史梅赜向朝廷进献了一部《尚书》，包括今文《尚书》三十三篇、古文《尚书》二十五篇。后世学者证明此古文二十五篇是东晋人的伪作，并将今、古文《尚书》严格区分，进行研究。

　　《尚书》中有典、谟、训、诰、誓、命等体裁，有些篇目文字古奥艰涩，也有些篇目内容简洁明朗。书中的内容反映了夏商周时期君王的政治策略以及臣民的政治生活，其中不乏描写社会制度、阶级斗争的历史史料，同时也包含着古时天文地理、民风信仰等多方面的社会风貌。

永敬大恤

盘庚作[1]，惟涉河以民迁[2]。乃话民之弗率[3]，诞告用亶其有众[4]。咸造勿亵在王庭[5]，盘庚乃登进厥民[6]。

注释 [1]盘庚：商王名，汤的第十世孙，商王朝第二十任君王。作：兴起。[2]惟：筹谋。涉：渡过，指渡过黄河迁到殷去。[3]话：善言，这里指发善言劝导民众。率：顺从。[4]诞：句首助词，无实义。亶：诚。其：那些。有众：指那些不愿遵从命令的人。[5]咸：都。造：到。亵：轻慢。[6]登：升。进：走上前来。

译文 盘庚当了君王以后，计划渡过黄河，想带领臣民迁居到殷地。于是集合了那些不遵从王命的臣民，准备诚恳地劝导他们。那些人都来到了王庭恭敬等候。盘庚于是命令他们上前来。

曰："明听朕言[1]，无荒失朕命[2]。呜呼！古我前后[3]，罔不惟民之承[4]。保后胥戚[5]，鲜以不浮于天时[6]。殷降大虐[7]，先王不怀[8]。厥攸作视民利[9]，用迁。汝曷弗念我古后之闻[10]？承汝俾汝[11]，惟喜康共[12]，非汝有咎[13]，比于罚。予若吁怀兹新邑[14]，亦惟汝故，以丕从厥志[15]。"

注释 [1]明：通"勉"，勉力，努力。[2]荒失：忘失，不重视。[3]前后：先王。[4]承：承担，容纳。[5]保：保衡。胥戚：休戚与共。胥，相。戚，忧。[6]鲜：少。浮：行。[7]殷：通"慇"，痛。大虐：大的灾害，多认为是水患。[8]怀：怀恋。[9]攸：所。作：为，这里指营建的都邑宫室。视：看在，为了。[10]曷：如何。古后：先王、先后。闻：勤勉。[11]俾：保。[12]康：安乐。共：巩固。[13]咎：罪过。[14]若：助词，无实义。新邑：新的都邑。[15]丕：大。从：顺

译文 盘庚说："你们注意听我的话，不要轻视我的命令！啊！我们从前的先王，没有谁不顺承和安定人民的。先王惠及民众，因此没有违背天命。以前上天降下灾祸，先王不怀恋于自己建造的都邑，总是顺应人民的利益而迁徙。你们为什么不想想我们先王的这种勤勉的行为呢？我也希望顺从你们，希望你们安乐稳定，不是你们有罪就陷入刑罚。我之所以呼吁你们安居在这个新的都邑，也是关心你们的利益，满足大家的心愿。"

"今予将试以汝迁[1]，安定厥邦[2]。汝不忧朕心之攸困[3]，乃咸大不宣乃心[4]，钦念以忱[5]，动予一人。尔惟自鞠自苦[6]，若乘舟，汝弗济[7]，臭厥载[8]。尔忱不属[9]，惟胥以沈[10]。不其或稽[11]，自怒曷瘳[12]？"

注释 [1]试：用。[2]厥邦：其邦，他的国。在这里假第三人称作为第一人称使用，意思是"我们的邦国"。[3]朕：我的。攸困：所困难的地方。[4]咸：都。宣：明白。乃：你的。[5]钦：忧惧。念：思。忱：诚意。[6]鞠：困穷。[7]济：渡河。[8]臭：朽败。载：乘坐的工具，这里指船。[9]沈：沉。属：独。[10]胥：都。[11]不其或稽：一点儿也不考虑这些。[12]瘳：病愈，在这里引申为好处。

译文 "现在我打算把你们迁去，使我们的国家安定。你们不体谅我内心的苦处，你们的心竟然都很糊涂，很想用些不正确的话来改变我的心意。你们自找苦吃，就如坐在船上，你们不渡过去，只等船体朽坏。如果这样，那就只有一起沉下去。你们不考虑这些问题，只是自己怨怒，又有什么好处呢？"

"汝不谋长[1]，以思乃灾，汝诞劝忧[2]。今其有今罔后[3]，汝何生在上[4]？"

注释 [1]谋：计划，筹谋。[2]劝：劝勉。[3]有今罔后：有今天没有明天，意思是只顾现在，不顾往后的日子。[4]上：上天，上帝。

译文 "你们不做长久打算,不想想不迁移的危害,不以忧自劝。这样下去,将会有今天而没有明天,上天怎么能让你们生活在这片土地上呢?"

"今予命汝一[1],无起秽以自臭[2]。恐人倚乃身[3],迂乃心[4]。予迓续乃命于天[5],予岂汝威[6]?用奉畜汝众[7]。"

注释 [1] 一:皆,都。[2] 无:不要。[3] 倚乃身:弄曲了你的身体,意思是把你带坏了。[4] 迂:通"迴",僻。[5] 迓:迎接。[6] 汝威:这里是宾语前置的用法,应为"威汝",意思是威胁你。[7] 奉:养。畜:养。

译文 "现在我命令你们不要传播谣言来败坏自己,恐怕有人会使你们的身子不正,使你们身心污秽。我祈求上天,延续你们的生命,我哪里是要威胁你们啊,我是要养育你们众人啊。"

"予念我先神后之劳尔先[1],予丕克羞尔[2],用怀尔然[3]。失于政,陈于兹[4],高后丕乃崇降罪疾[5],曰'曷虐朕民?'汝万民乃不生生[6],暨予一人猷同心[7],先后丕降与汝罪疾,曰:'曷不暨朕幼孙有比[8]?'故有爽德[9],自上其罚汝[10],汝罔能迪[11]。"

注释 [1] 先神后:先王。尔先:你们的先人。[2] 丕:大。[3] 怀:思念,挂怀。然:是这样的。[4] 陈:延。[5] 高后:先王。丕:语气词,无实义。[6] 乃:若,如果。生生:尽力搞好谋生的事情。[7] 暨:与。猷:有。[8] 朕:指先王。比:同心。[9] 故:却。爽德:不同心。爽:贰。[10] 自上:指先王在天之灵。[11] 迪:行。

译文 "我想到我们神圣的先王曾经烦劳你们的先人,我才养育、记挂你们,是这样的啊!然而如果耽误了政事,长久居住在这有灾祸的地方,先王就会重重地降下责罚,问道:'你为什么虐待我的臣民?'你们万民如果不去努力谋求生活,不和我同心同德,先王也会对你们降下责罚,问道:'为什么不同我的幼孙同心协力，却对他有二心呢？'因此，你们有了过错，上天就将惩罚你们，你们也不能出走避开这些罪责。"

"古我先后，既劳乃祖乃父，汝共作我畜民[1]。汝有戕[2]，则在乃心。我先后绥乃祖乃父[3]，乃祖乃父乃断弃汝，不救乃死。兹予有乱政同位[4]，具乃贝玉[5]。乃祖先父丕乃告我高后曰：'作丕刑于朕孙[6]。'迪高后[7]，丕乃崇降弗祥。"

注释 [1]共作：都作为。畜民：众。[2]戕：伤毁贼害。[3]绥：安抚。[4]乱政：乱政之人。[5]具：供置。贝玉：泛指钱物。[6]高后：先王。丕刑：大刑。朕孙：指盘庚自己。[7]迪：句首助词，无实义。

译文 "从前我们的先王已经烦劳你们的祖先和父辈，你们都作为我所养育的臣民，如果你们内心怀着恶念，我们的先王将会告诉你们的祖先和父辈，你们的祖先和父辈就会断然抛弃你们，不会挽救你们的死亡。现在你们中有乱事的大臣，贪敛财物。你们的祖先和父辈于是就会恳求我们的先王说：'对我们的子孙用大刑吧！'于是先王会降下大的刑罚。"

"呜呼！今予告汝不易[1]。永敬大恤[2]，无胥绝远[3]。汝分猷念以相从[4]，各设中于乃心[5]。乃有不吉不迪[6]，颠越不恭[7]，暂遇奸宄[8]，我乃劓殄灭之[9]，无遗育[10]，无俾易种于兹新邑[11]。"

注释 [1]不易：不再改易。[2]敬：重视，注重。大恤：大的忧患。[3]无：不要。胥：相互。绝远：很远，引申为渺茫，漠然。[4]分：本分。猷念：心中的打算、想法。[5]设：合。[6]迪：善。[7]颠越：陨坠。[8]奸宄：奸诈邪恶。[9]劓：割断。[10]育：同"胄"，指子孙后裔。[11]易：延，传播。

译文 "啊！现在我告诉你们，不要改变迁都计划！要永远警惕大的忧患，不要对此漠然！你们应当顺从我的打算，各人心里都要和和善善。假如有人不遵从命令，欺诈奸邪，胡作非为，我就要消灭他们，斩断后患，不让他们这些坏人在这个新国都里延续繁衍。"

"往哉生生！[1] 今予将试以汝迁，永建乃家。"

注释 [1]生生：努力谋求生活和生产的事宜。

译文 "去好好去生活吧！现在我要把你们迁居过去，重新在那里建立你们的家园。"

点评 本文选自《尚书·盘庚中》。《盘庚》分为上中下三篇，主要是对汤十世孙商王盘庚在迁都时对臣民训话的三次记录。中篇描写的是盘庚在开始迁都的时候对臣民的谆谆劝导，文末又对不遵从命令的人加以威慑，告诉臣民，如有违抗，上天将会降下灾祸，君王也要把他们赶尽杀绝。本文语言佶屈聱牙，古奥难懂。但若仔细品读，便可从中领会到盘庚耐心劝勉的引导方式、果毅决断的理政手段和万分坚定的迁都决心。

勤勉理政

周公曰："呜呼！君子所其无逸[1]。先知稼穑之艰难[2]，乃逸，则知小人之依。相小人[3]，厥父母勤劳稼穑[4]，厥子乃不知稼穑之艰难，乃逸乃谚[5]。既诞[6]，否则侮厥父母曰[7]：'昔之人无闻知。'"

注释 [1]君子：君主。逸：安逸。[2]稼穑：农事。[3]小人：小民，下层民众。[4]厥：其。[5]谚：通"喭"，粗鲁。[6]诞：通"延"，长久。[7]否则：于是。

译文 周公说："啊！君子在位，一定不可以安逸享乐。先了解耕种收获的艰难，然后再去享受逸乐的生活，就会了解老百姓的痛苦。看那些种田的民众，他们的父母勤劳地种地，收获庄稼，他们的儿子却不知道农事的艰难，安于享乐，不再恭敬。时间久了，于是就轻侮他们的父母说：'老人们什么都不懂。'"

周公曰："呜呼！我闻曰，昔在殷王中宗[1]，严恭寅畏天命[2]，自度[3]，治民祗惧[4]，不敢荒宁[5]。肆中宗之享国[6]，七十有五年[7]。其在高宗[8]，时旧劳于外[9]，爰暨小人[10]。作其即位[11]，乃或亮阴[12]，三年不言[13]。其惟不言，言乃雍[14]，不敢荒宁。嘉靖殷邦[15]，至于小大[16]，无时或怨[17]。肆高宗之享国，五十有九年。其在祖甲[18]，不义惟王[19]，旧为小人[20]。作其即位，爰知小人之依，能保惠于庶民[21]，不敢侮鳏寡。肆祖甲之享国，三十有三年。自时厥后立王，生则逸。生则逸[22]，不知稼穑之艰难，不闻小人之劳，惟耽乐之从[23]。自时厥后，亦罔或克寿[24]。或十年，或七八年，或五六年，或四三年。"

注释 [1] 中宗：商代第七任贤君祖乙。[2] 严恭：严肃恭敬。[3] 度：衡量。[4] 祗惧：敬畏谨慎。[5] 荒宁：荒废，安逸。[6] 肆：所以。[7] 有：同"又"。[8] 高宗：武丁，商代君主。[9] 旧：久。[10] 爰：于是。暨：和。[11] 作：及。[12] 亮阴：又作"谅阴""谅暗"，郭沫若认为，这里指一种"不言症"，即沉默不语。[13] 三年不言：武丁即位后，政事交由冢宰主持，自己去了解民情。[14] 雍：和谐。[15] 嘉靖：安定。[16] 小大：民众和群臣。[17] 时：通"是"。[18] 祖甲：武丁的儿子。[19] 义：打算。[20] 旧：久。[21] 保：安。[22] 生则逸：重言上句。[23] 耽乐：沉溺于享乐之中。[24] 罔或：没有。克：能够。寿：长久。

译文 周公说："唉！我听说，过去殷王中宗，严谨敬畏，以天命作为自己的准则，治理百姓事务恭敬谨慎，不敢荒废懒怠。所以中宗在位七十五年。到了高宗，他长期在外服役，惠爱百姓。等到他登上君位，便又听信冢宰，沉默不言，三年不谈论政事。正因为如此，偶尔谈论政事却也能得到大臣赞同。他不敢荒废政事、贪图安乐，治理殷国长久安定。从百姓到群臣，没有怨恨他的，所以高宗在位五十九年。祖甲在位时，他不打算称王，逃亡到民间，做过很久的平民百姓。等到他即位后，就了解百姓的痛苦，能够安定和惠及众民，连鳏寡无依的人也从不轻慢。所以祖甲在位三十三年。从这以后，在位的殷王生来就安逸享乐。生来就安逸享乐，不知农事的艰难，不了解百姓的疾苦，只是沉溺于安逸之中。所以从这以后，在位的殷王也没有能够长久的。有的十年，有的七八年，有的五六年，有的三四年。"

周公曰："呜呼！厥亦惟我周太王、王季[1]，克自抑畏。文王卑服[2]，即康功田功[3]。徽柔懿恭[4]，怀保小民[5]，惠鲜鳏寡[6]。自朝至于日中昃，不遑暇食，用咸和万民[7]。文王不敢盘于游田[8]，以庶邦惟正之供[9]。文王受命惟中身[10]，厥享国五十年。"

注释 [1] 太王：文王的祖父。王季：文王的父亲。[2] 卑服：服从，遵循。[3] 康功：指建造房屋。田功：指种田耕种。[4] 徽：善良。柔：仁慈。[5] 怀保：爱护。[6] 惠：爱。鲜：善。[7] 用：以。[8] 田：狩猎。[9] 庶邦：众邦，指臣服于周的邦国。正：通"政"。共：供奉，献给。[10] 受命：接受上帝的天命。中身：中年。

译文 周公说："啊！只有我们大周的太王、王季能够谦恭谨慎。文王从事过卑下的劳作，做过开通道路、耕种田地的劳役。他和蔼仁慈、善良恭敬，爱护百姓，让民众都安居乐业，恩德惠及亲善孤苦无依的人。从早晨到中午，到下午，忙得没有闲暇吃饭，为了使民众生活和谐。文王不敢沉溺于嬉游、狩猎，不敢使众国进献赋税只供他享乐。因此文王中年受命为君，却在位长达五十年。"

周公曰："呜呼！继自今嗣王，则其无淫于观、于逸、于游、于田[1]，以万民惟正之供。无皇曰[2]：'今日耽乐。'乃非民攸训[3]，非天攸若[4]，时人丕则有愆[5]。无若殷王受之迷乱[6]，酗于酒德哉！"

注释 [1] 淫：过度玩乐。观：游览。[2] 皇：通"兄"，更。[3] 训：顺。[4] 若：顺。[5] 愆：过错。[6] 殷王受：纣，即商纣王。

译文 周公说："唉！从今以后的继位君王，不可沉迷于安逸、嬉游和田猎之中，要和百姓一起推行政务。更不能说:'只是今天乐一乐。'这样就不是老百姓所赞成的,也不是上天所允许的,这样的人就有过错了。不要像商纣王那样迷乱,沉迷于醉酒不能自拔啊!"

周公曰:"呜呼!我闻曰,古之人[1],犹胥训告[2],胥保惠,胥教诲,民无或胥诪张为幻[3]。此厥不听[4],人乃训之[5],乃变乱先王之正刑[6],至于小大。民否则厥心违怨[7],否则厥口诅祝[8]。"

注释 [1]人:指君主和臣民。[2]犹:尚且。胥:互相。[3]或:有。诪张:欺诳。幻:幻惑。[4]厥:其。[5]训:榜样,这里是以为榜样。[6]正刑:政治,法律。[6]否则:于是。[7]祝:诅咒。

译文 周公说:"唉!我听说,古时的君主和臣民能够互相告诫,互相爱护,互相教诲,所以老百姓没有互相欺骗、互相造谣的。不这样做,官员就会以此为榜样,就会破坏先王的政治和律法,以至大大小小的法令。百姓于是就会内心怨恨,口头诅咒了。"

周公曰:"呜呼!自殷王中宗,及高宗,及祖甲[1],及我周文王,兹四人迪哲[2]。厥或告之曰:'小人怨汝詈汝[3]。'则皇自敬德[4],厥愆,曰:'朕之愆。'允若时不啻不敢含怒[5]。此厥不听,人乃或诪张为幻,曰:'小人怨汝詈汝。'则信之。则若时,不永念厥辟[6],不宽绰厥心,乱罚无罪,杀无辜,怨有同[7],是丛于厥身[8]。"

注释 [1]及祖甲:学者考证此句或有简编错乱,在此暂且保留原貌。[2]迪:用。[3]詈:骂。[4]皇:通"兄",更。[5]允:信。不啻:不但。[6]永:长。辟:法度。[7]同:会同。[8]丛:积聚。

译文 周公说:"唉!从殷王中宗、到高宗、到祖甲、到我们的周文王,这四位君王最明智。有的人告诉他们说:'老百姓在怨恨你,咒骂你。'他们就更加谨慎自己的行为。有过错,他们就说:'这确实是我的过错。'他们真的就是这样,不只是没有怨怒。不这样做,人们就会互相欺诈造谣,说:'百姓在怨恨你,咒骂你。'你就会相信。如果这样,不多考虑国家的法度,不放宽自己的心胸,乱罚无罪、妄杀无辜,那样百姓的怨恨就会聚集起来,集中到你的身上了!"

周公曰:"呜呼!嗣王其监于兹[1]。"

注释 [1]嗣王:指周武王。监:通"鉴",鉴戒。

译文 周公说:"唉!王啊,你要以这些作为鉴戒啊!"

点评 本文选自《尚书·无逸》。司马迁曾在《史记》的《鲁周公世家》中引用本篇内容,记载了周公害怕成王长大之后"有所淫泆",写《无逸》"以诫成王"的事情。总体看来,本文中心思想突出,脉络清晰。首先,周公就对成王提出要求"君子所其无逸",随后用追忆先王无逸勤勉、君臣应当互相劝诫和知晓民众稼穑疾苦三层意思反复告诫,文末再次谆谆叮嘱。文章语言流畅,条理分明,字里行间透露着周公对成王的关爱和殷切企盼,同时也体现了古代统治者巩固王朝统治应具备的政治素养和居安思危、戒奢以俭的治国理念。

学 以 致 用

积累篇

唐代文学家、古文运动首领韩愈曾感叹:"周《诰》、殷《盘》,佶屈聱牙。"意思是说《尚书》中的语言艰涩生僻,拗口难懂。然而,有许多成语,如"爱屋及乌""功亏一篑",许多名句,如"谦受益,满招损"却一直流传至今。上网查一查,看看还有哪些成语和名句出自《尚书》?

研讨篇

《尚书大传》记载:"子夏读书毕,见夫子,夫子问之:'何为于书?'子夏曰:'书之论事,昭昭如日月之代明,离离如参辰之错行。'"请结合《盘庚》一文,讨论一下《尚书》的论证艺术。

学思篇

"以人为本"作为构建社会主义和谐社会必须遵循的首要原则,同学们已经耳熟能详。其实,民本思想在许多古代典籍中都有所体现。找一找,读一读,思考一下,都是"以人为本",古今一样吗?

大师说经典

朱自清说《尚书》

《尚书》是中国最古的记言的历史。所谓记言,其实也是记事,不过是一种特别的方式罢了。记事比较的是间接的,记言比较的是直接的。记言大部分照说的话写下来;虽然也需略加剪裁,但是尽可以不必多费心思。记事需要化自称为他称,剪裁也难,费的心思自然要多得多。

中国的记言文是在记事文之先发展的。商代甲骨卜辞大部分是些问句,记事的话不多见。两周金文也还多以记言为主。直到战国时代,记事文才有了长足的进展。古代言文大概是合一的,说出的写下的都可以叫作"辞"。卜辞我们称为"辞",《尚书》的大部分其实也是"辞"。我们相信这些辞都是当时的"雅言",就是当时的官话或普通话。但传到后世,这些官话或普通话却变成佶屈聱牙的古语了。

《尚书》包括虞、夏、商、周四代。大部分是号令,就是向大众宣布的话,小部分是君臣相告的话。也有记事的,可是照近人的说法,那记事的几篇,大都是战国末年人所作,应该分别地看。那些号令多称为"誓"或"诰",后人便用"誓""诰"的名字来代表这一类。平时的号令叫"诰",有关军事的叫"誓"。君告臣的话多称为"命";臣告君的话却似乎并无定名,偶然有称为"谟"的。这些辞有的是当代史官所记,有的是后代史官追记。当代史官也许根据亲闻,后代史官便只能根据传闻了。这些辞原来似乎只是说的话,并非写出的文告;史官纪录,意在存做档案,备后来查考之用。这种古代的档案,想来很多,留下来的却很少。汉代传有《书序》,来历不详,也许是周秦间人所作。有人说,孔子删《书》为百篇,每篇有序,说明作意。这却缺乏可信的证据。孔子教学生的典籍里有《书》,倒是真的。那时代的《书》是个什么样子,已经无从知道。"书"原是纪录的意思,大约那所谓"书"只是指当时留存着的一些古代的档案而已，那些档案恐怕还是一件件的，并未结集成书。成书也许是在汉人手里。那时候这些档案留存着的更少了，也更古了，更稀罕了；汉人便将它们编辑起来，改称《尚书》。"尚"，"上"也。《尚书》据说就是"上甫帝王的书"。"书"上加一"尚"字，无疑是表示着尊信的意味。至于《书》称为"经"，始于《荀子》；不过也是到汉代才普遍罢了。

儒家所传的"五经"中，《尚书》残缺最多，因而问题也最多。秦始皇烧天下诗书及诸侯史记，并禁止民间私藏一切书。到汉惠帝时，才开了书禁；接着文帝更鼓励人民献书。书才渐渐见得着了。那时传《尚书》的只有一个济南伏生。伏生本是秦博士，始皇下诏烧诗书的时候，他将《书》藏在墙壁里。后来兵乱，他流亡在外。汉定天下才回家，检查所藏的《书》，已失去数十篇，剩下的只二十九篇了。他就守着这一些，私自教授于齐鲁之间。文帝知道了他的名字，想召他入朝。那时他已九十多岁，不能远行到京师去。文帝便派掌故官晁错来从他学。伏生私人的教授，加上朝廷的提倡，使《尚书》流传开去。伏生所藏的本子是用"古文"写的，还是用秦篆写的，不得而知；他的学生却只用当时的隶书抄录流布。这就是东汉以来所谓的《今尚书》或《今文尚书》。汉武帝提倡儒学，立"五经"博士；宣帝时每经又都分家数立官，共立了十四博士。每一博士各有弟子员若干人。每家有所谓"师法"或"家法"，从学者必须严守。这时候经学已成利禄的途径，治经学的自然就多起来了。《尚书》也立下欧阳（和伯）、大小夏侯（夏侯胜、夏侯建）三博士，却都是伏生一派分出来的。当时去伏生已久，传经的儒者为使人尊信，竟有硬说《尚书》完整无缺的。他们说，二十九篇是取法天象的，一座北斗星加上二十八宿，不正是二十九吗！这二十九篇，东汉经学大师马融、郑玄都给作过注；可是那些注现在差不多亡失干净了。

汉景帝时，鲁恭王为了扩展自己的宫殿，去拆毁孔子的旧宅。在墙壁里得着"古文"经传数十篇，其中有《书》。这些经传都是用"古文"写的。所谓"古文"，其实只是晚周民间别体字。那时恭王肃然起敬，不敢再拆房子，并且将这些书都交还孔家的主人孔子的后人叫孔安国的。孔安国加以整理，发现其中的《书》比通行本多出十六篇，这称为《古文尚书》。武帝时，孔安国将这部书献上去。因为语言和字体的两重困难，一时竟无人能通读那些"逸书"，所以便一直压在皇家图书馆里。成帝时，刘向、刘歆父子先后领校皇家藏书。刘向开始用《古文尚书》校勘今文本子，校出今文脱简及异文各若干。哀帝时，刘歆想将《左氏春秋》《毛诗》《逸礼》及《古文尚书》立博士，这些都是所谓的"古文"经典。当时的"五经"博士不以为然，刘歆写了长信和他们争辩。这便是后来所谓的"今古文之争"。

今古文之争是西汉经学一大史迹。所争的虽然只在几种经书，他们却以为关系孔子之道即古代圣帝明王之道甚大。"道"其实也是幌子，骨子里所争的还在禄位与声势，当时今古文派在这一点上是一致的。不过两派的学风确也有不同处。大致今文派继承先秦诸子的风气，"思以其道易天下"，所以主张通经致用。他们解经，只重微言大义；而所谓微言大义，其实只是他们自己的历史哲学和政治哲学。古文派不重哲学而重历史，他们要负起保存和传布文献的责任；所留心的在章句、训诂、典礼、名物之间。他们各得了孔子的一端，各有偏畸的地方。到了东汉，书籍流传渐多，民间私学日盛。私学压倒了官学，古文经学压倒了今文经学；学者也以兼通为贵，不再专主一家。但是这时候古文经典中《逸礼》即《礼》古经已经亡佚，《尚书》之学，也不昌盛。

东汉初，杜林曾在西州（今新疆境）得漆书《古文尚书》一卷，非常宝爱，流离兵乱中，老是随身带着。他是怕"《古文尚书》学"会绝传，所以这般珍惜。当时经师贾逵、马融、郑玄都给那一卷《古文尚书》作注，从此《古文尚书》才显于世。原来"《古文尚书》学"直到贾逵才真正开始，从前是没有什么师说的。而杜林所得只一卷，绝不如孔壁所出的多，学者竟爱重到那般地步。大约孔安国献的那部《古文尚书》，一直埋没在皇家图书馆里，民间也始终没有盛行，经过西汉末年的兵乱，便无声无息地亡失了罢。杜林的那一卷，虽经诸大师作注，却也没传到后世，这许又是三国兵乱的缘故。《古文尚书》的运气真够坏的，不但没有能够露头角，还一而再地遭遇了些冒名顶替的事儿。这在西汉就有。汉成帝时，因孔安国所献的《古文尚书》无人通晓，下诏征求能够通晓的人。东莱有个张霸，不知孔壁的书还在，便根据《书序》，将伏生二十九篇分为数十，作为中段，又采《左氏传》及《书序》所说，补作首尾，共成《古文尚书百二篇》。每篇都很简短，文意又浅陋。他将这伪书献上去。成帝教用皇家图书馆藏着的孔壁《尚书》对看，满不是的。成帝便将张霸下在狱里，却还存着他的书，并且听它流传世间。后来张霸的再传弟子樊并谋反，朝廷才将那书毁废。这第一部伪《古文尚书》就从此失传了。

到了三国末年，魏国出了个王肃，是个博学而有野心的人。他伪作了《孔子家语》《孔丛子》，又伪作了一部孔安国的《古文尚书》，还带着孔安国的传。他是个聪明人，伪造这部《古文尚书》孔传，是很费了心思的。他采辑群籍中所引"逸书"，以及历代嘉言，改头换面，巧为连缀，完成了这部书。他是参照汉儒的成法，先将伏生二十九篇分割为三十三篇，另增多二十五篇，共五十八篇，以合于东汉儒者如桓谭、班固所记的《古文尚书》篇数。所增各篇，用力阐明儒家的"德治主义"，满纸都是仁义道德的格言。这是汉武帝罢黜百家、专崇儒学以来的正统思想，所谓大经大法，足以取信于人。只看宋以来儒者所口诵心维的"十六字心传"，正在他伪作的《大禹谟》里，便见出这部伪书影响之大。其实《尚书》里的主要思想，该是"鬼治主义"，像《盘庚》等篇所表现的。"原来西周以前，君主即教主，可以为所欲为，不受什么政治道德的拘束。逢到臣民不听话的时候，只要抬出上帝和先祖来，自然一切解决。"这叫作"鬼治主义"。"西周以后，因疆域的开拓，交通的便利，富力的增加，文化大开。自孔子以至荀卿、韩非，他们的政治学说都建筑在人性上面。尤其是儒家，把人性扩张得极大。他们觉得政治的良好只在诚信的感应，只要君主的道德好，臣民自然风从，用不到威力和鬼神的压迫。"这叫作"德治主义"。看古代的档案，包含着"鬼治主义"思想的，自然比包含着"德治主义"思想的可信得多。但是王肃的时代早已是"德治主义"的时代，他的伪书所以专从这里下手。他果然成功了。只是词旨坦明，毫无佶屈聱牙之处，却不免露出了马脚。

晋武帝时候，孔安国的《古文尚书》曾立过博士，这《古文尚书》大概就是王肃伪造的。王肃是武帝的外祖父，当时即使有怀疑的人，也不敢说话。可是后来经过怀帝永嘉之乱，这部伪书也散失了，知道的人很少。东晋元帝时，豫章内史梅赜发现了它，便拿来献到朝廷上去。这时候伪《古文尚书》孔传便和马、郑注的《尚书》并行起来了。大约北方的学者还是信马、郑的多，南方的学者才是信伪孔的多。等到隋统一了天下，南学压倒了北学，马、郑《尚书》，习者渐少。唐太宗时，因章句繁杂，诏令孔颖达等编撰《五经正义》；高宗永徽四年（653），颁行天下，考试必用此本。《正义》成了标准的官书，经学从此大一统。那《尚书正义》便用的伪《古文尚书》孔传。伪孔定于一尊，马、郑便更没人理睬了，日子一久，自然就残缺了，宋以来差不多就算亡了。伪《古文尚书》孔传如此这般冒名顶替了一千年，直到清初的时候。

这一千年中间，却也有怀疑伪《古文尚书》孔传的人。南宋的吴棫首先发难。他有《书稗传》十三卷，可惜不传了。朱子因孔安国的"古文"字句皆完整，又平顺易读，也觉得可疑。但是他们似乎都还没有去找出确切的证据。至少朱子还不免疑信参半，他还采取伪《大禹谟》里"人心""道心"的话解释"四书"，建立道统呢。元代的吴澄才断然地将伏生今文从伪古文分出，他的《尚书纂言》只注解今文，将伪古文除外。明代梅鷟著《尚书考异》，更力排伪孔，并找出了相当的证据。但是严密钩稽决疑定谳的人，还得等待清代的学者。这里该提出三个可尊敬的名字。第一是清初的阎若璩，著《古文尚书疏证》。第二是惠栋，著《古文尚书考》，两书辨析详明，证据确凿，教伪孔体无完肤，真相毕露。但将作伪的罪名加在梅赜头上，还不免未达一间。第三是清中叶的丁晏，著《尚书余论》，至此才将真正的罪人王肃指出。千年公案，从此可以定论。这以后等着动手的，便是搜辑汉人的伏生《尚书》说和马、郑注。这方面努力的不少，成绩也斐然可观；不过所能做到的，也只是抱残守缺的工作罢了。伏生《尚书》从千年迷雾中重露出真面目，清代诸大师的劳绩是不朽的。但二十九篇固是真本，其中也还该分别地看。照近人的意见，《周书》大都是当时史官所记，只有一二篇像是战国时人托古之作。《商书》究竟是当时史官所记，还是周史官追记，尚在然疑之间。《虞书》《夏书》大约多是战国末年人托古之作，只《甘誓》那一篇许是后代史官追记的。这么着，《今文尚书》里便也有了真伪之分了。

——朱自清《经典常谈》

三　《礼记》选读

　　《礼记》是一部中国先秦典章制度及儒家思想的文集汇编。"记"指对经书的解说，《礼记》因是对《礼经》的解释而得名。《礼记》历来有戴德选编的八十五篇本《大戴礼记》和戴圣选编的四十九篇本《小戴礼记》之分。东汉末年，郑玄为《小戴礼记》作注后使其地位上升为经，后以小戴本专称《礼记》。戴圣为西汉礼学家，曾随礼学大师后苍钻研礼学，以授徒讲学和著述为业。《礼记》是他根据战国至汉初孔子七十子后学所记和其他有关礼仪的论著而编撰成书。

　　《礼记》到宋代被列入"十三经"之中，成为儒家经典。明代思想家王夫之评价："补礼经之所未备，以会通于事物之变，而为之定体也。"作品内容广博：一是关于礼的理论，一是关于礼的制度，涉及历史、祭祀、文艺、日常生活、历法、地理等多方面，体现了先秦儒家的哲学思想（如天道观、宇宙观）、教育思想（如个人修身、教育制度、教学方法）、政治思想（如大同社会）等，对儒家文化的传承、当代教育有重要意义。此外，散文化的语言也使该书具有一定的文学价值。

大同小康

昔者仲尼与于蜡宾[1],事毕,出游于观之上,喟然而叹。仲尼之叹,盖叹鲁也。言偃在侧[2],曰:"君子何叹?"孔子曰:"大道之行也[3],与三代之英,丘未之逮也,而有志焉[4]。大道之行也,天下为公,选贤与能,讲信修睦。故人不独亲其亲[5],不独子其子。使老有所终,壮有所用,幼有所长,矜寡孤独废疾者,皆有所养。男有分,女有归[6]。货恶其弃于地也,不必藏于己,力恶其不出于身也,不必为己。是故谋闭而不兴,盗窃乱贼而不作,故外户而不闭,是谓大同。今大道既隐,天下为家,各亲其亲,各子其子,货力为己。大人世及以为礼[7],城郭沟池以为固。礼义以为纪,以正君臣,以笃父子,以睦兄弟,以和夫妇,以设制度,以立田里,以贤勇知,以功为己[8]。故谋用是作,而兵由此起。禹、汤、文、武、成王、周公,由此其选也[9]。此六君子者,未有不谨于礼者也。以著其义,以考其信,著有过,刑仁、讲让[10],示民有常。如有不由此者,在势者去,众以为殃。是谓小康。"

注释 [1]蜡宾:年终祭祀的助祭人。[2]言偃:字子游,孔子弟子。[3]大道:正道,常理,指最高的治世原则,包括伦理纲常等。[4]志:记载。[5]亲其亲:孝敬自己的父母。后一个"亲",指父母。[6]归:嫁。[7]世及:世袭,世代相传。[8]以功为己:为自己谋求功利。[9]选:被选拔出来的人才。[10]刑:以为准则。

译文 当初,孔子担任年终祭祀的助祭人。事情结束后,孔子出来到宫门外的望楼上散步,不禁感慨而叹。孔子的叹息,大概是感叹鲁国。言偃在一旁,问道:"老师为什么叹气呢?"孔子说:"大道实行的时代,和夏、商、周三代杰出君主执政的时代,我没有赶得上,但是有文献记载。大道实行的时代,天下是归于公有的。大家推选贤能的人为官,讲究信誉,和睦相处。所以人们不只孝敬自己的父母,不只疼爱自己的子女,老人都能安度晚年,壮年人都能发挥特长,幼年人都能健康成长,鳏寡孤独和残废有病的人都能得到照顾。男子都有适宜的工作,女子都适时而嫁。对于财物,只是不愿让它被白白扔在地上,不一定要藏到自己家里;对于气力,生怕不是出在自己身上,而不一定是为了自己。所以,阴谋诡计没有市场,明抢暗偷、作乱害人的现象绝迹。所以,外面的大门不需上锁。这就叫大同。现在,大道已经无法实行,天下成为一家所有,人们各自孝敬自己的双亲,各自疼爱自己的子女,财物生怕不归自己所有,气力则唯恐出于己身。在上位的把权利爵位传给自己的子弟,成为固定的礼法制度。利用内外城墙加上护城河,来固守自己的领地。把礼义作为根本大法,用来规范君臣关系,使父子亲密,使兄弟和睦,使夫妇和谐,用来设立制度,确立田地和住宅,表彰有勇有智的人,用来为自己谋求功利。因此,阴谋诡计就随之而生,战争也因此而起。夏禹、商汤、周文王、武王、成王、周公,就是在这种时代产生的佼佼者。这六位君子,没有一个不小心翼翼地用礼制治国。他们用礼来表彰正义,考察诚信,指明过错,效法仁爱,讲究礼让,向百姓展示一切都有规可循。如有不这样做的,即使有权有势也会被罢免,民众都把他看作祸害。这就是小康。"

点评　本文节选自《礼记·礼运第九》。这里所讲述的大同,是儒家所设想的禹以前的社会情况,是以道德为基础自觉形成的社会秩序。而夏启以后至周公摄政的时代,儒家认为能以礼治国,是以利益分配和礼仪为基础强制形成的社会秩序,也算是一种初级理想的社会,就称之为小康。儒家的大同思想,与西方的共产主义思想有相通之处,追求的都是大道行世,天下为公。可见,两千年前的儒家就对人类社会的发展趋向做了深入思考并有了一定的认识。在今天,"大同"和"小康"都被赋予了新的含义,这说明当今有必要从传统文化中吸取精华,建立新的意识形态。

教学相长

发虑宪，求善良，足以謏闻[1]，不足以动众。就贤体远，足以动众，未足以化民。君子如欲化民成俗，其必由学乎！

玉不琢不成器，人不学不知道。是故古之王者建国君民，教学为先。《兑命》曰[2]："念终始典于学。"其此之谓乎！

注释 [1]謏（xiǎo）：小。[2]《兑（yuè）命》：《尚书》篇名。

译文 说话发声和考虑问题都合乎法度，寻求善良贤德的人辅佐自己，那就足以使自己有一些小名声，但是还不足以打动大众。拜访礼遇贤能的人，体恤照顾边远地区的人，就足以打动民众，但是还不足以感化民众。君子如果想感化民众并且成就良好的风俗，大概必须经过学习吧！

玉石不经过雕琢，不可能成为宝器；人不经过学习，不可能知道仁义之道。所以古代的王者建立国家统治百姓都以教育和学习为第一要务。《尚书·兑命》篇说："始终要学习先祖的法典。"大概说的就是这个道理吧！

虽有嘉肴，弗食不知其旨也[1]；虽有至道[2]，弗学不知其善也。是故学然后知不足，教然后知困。知不足，然后能自反也。知困，然后能自强也。故曰："教学相长也。"《兑命》曰："学学半[3]。"其此之谓乎！

注释 [1]旨：味美。[2]至：极，最。[3]学学半：前一个"学"，字音xiào，意思是教育别人；后一个"学"，字音xué，意思是向别人学习。

译文 虽然有上好的菜肴，不吃就不知道它的味美；虽然有最好的道理，不学就不知道它的好处。所以学习了以后才知道自己的不足，教育他人之后才知道自己的疑惑。知道自己的不足之处，这样就可以自我反省；知道自己有疑惑，这样就能自己强化自己。所以说:"教育和学习是相互促进的。"《尚书·兑命》篇说:"教学的效果,一半是自己增长了知识。"大概说的就是这个道理吧!

古之教者,家有塾,党有庠[1],术有序[2],国有学。比年入学,中年考校。一年视离经辨志,三年视敬业乐群,五年视博习亲师,七年视论学取友,谓之小成。九年知类通达,强立而不反,谓之大成。夫然后足以化民易俗,近者说服,而远者怀之。此大学之道也。《记》曰:"蛾子时术之。"其此之谓乎!

注释 [1]党:行政区划。[2]术(suì):行政区划。

译文 古代的教育,每一间设有叫塾的学校,每一党设有叫庠的学校,每一术设有叫序的学校,在周朝国都或诸侯国国都设有大学。新生每年都可以入学接受教育,隔年考核一次。第一年考查学生离析经文义理和辨别文章志趣;第三年考查学生是否专心学业、尊敬师长,能否和大家和睦相处;第五年考查学生是否广泛学习、亲近师长;第七年考查学生的学术见解和择友的标准,称之为"小成"。第九年考查学生是否知识渊博,能够触类旁通、举一反三,是否能坚强自立,不违背老师教诲,这被称之为"大成"。然后就足以教化民众,改变风俗,使身边的人心悦诚服,远方的人人心归向。这就是大学教育的关键。《记》中说:"幼蚁经常学习它(以此成长)。"大概说的就是这个道理啊!

大学始教,皮弁祭菜[1],示敬道也。《宵雅》肄三[2],官其始也。入学鼓箧,孙其业也。夏、楚二物,收其威也。未卜禘[3],不视学,游其志也。时观而弗语,存其心也。幼者听而弗问,学不躐等也[4]。此七者,教之大伦也。《记》曰:"凡学,官先事,士先志。"其此之谓乎!

注释 [1]皮弁(biàn):一种礼仪所用的帽子,这里指与之配套的皮弁服。[2]

189

肄（yì）：学习，练习。[3] 禘（dì）：一种祭祀，在夏季。[4] 躐（liè）：超越。

译文 大学开学时，官员身穿皮弁服，用菜祭祀先圣先师，教育学生求学首先要谦虚和恭敬。在祭祀时，齐颂《小雅》，练习三首（指《鹿鸣》《四牡》《皇皇者华》），这是做官的开始。学生入学时击鼓召集学生，发放书箧，这样是为了让学生勤勉于学业。夏楚两件东西，是为了威慑学生让学生敬畏。禘祭之前天子诸侯、官员不视察学校，是为了给予学生充裕的时间去发散自己的思维。老师经常观察学生却不予置评，是为了让学生内心严谨。老师解答问题，初学者只能听不能插嘴，这是让学生知道谦让和秩序。这七条，是教学的纲要。《记》中说："凡是学习，想要做官的先学习如何处理事情，想要做学者的先学习如何磨砺心志。"大概说的就是这个道理吧！

大学之教也，时。教必有正业，退息必有居。学不学操缦[1]，不能安弦。不学博依[2]，不能安诗。不学杂服[3]，不能安礼。不兴其艺，不能乐学。故君子之于学也，藏焉，修焉，息焉，游焉。夫然，故安其学而亲其师，乐其友而信其道。是以虽离师辅而不反也[4]。《兑命》曰："敬孙务时敏，厥修乃来。"其此之谓乎！

注释 [1] 缦：琴弦。[2] 博：知识广博。依：类比。[3] 杂服：冕服、皮弁之类，这里引申为杂事。服，事。[4] 辅：学友。

译文 大学的教学必须按照季节安排科目，所教的内容必须是先王的正典，课后休息要有固定的居所。学习应当循序渐进，不练习指法，就不能演奏乐曲；不广博地学习比兴手法，就不能很好地作诗；不学习各种杂事的礼节，就不能学好礼仪；不喜欢所学的技巧，就不能好学。因此君子对于学习，心怀学习之志，不断地进修学业，休息时、游玩时都不忘记学习，这样才能安心学习并且亲近老师，喜欢学友而坚信所学的道理，所以虽然离开了老师和学友却不至于倒退。《兑命》说："敬重道术，恭顺地对待学业，努力且持续地学习，学过的道理就会迅速去实行，所修的学业就会有所成就。"这话大概就是说的这个道理吧！

今之教者，呻其占毕[1]，多其讯，言及于数，进而不顾其安，使人不由其诚，教人不尽其材，其施之也悖，其求之也佛[2]。夫然，故隐其学而疾其师，苦其难而不知其益也。虽终其业，其去之必速。教之不刑，其此之由乎！

注释 [1]呻：吟。占：视。毕：简。[2]佛：通"拂"，戾。

译文 今天的教师，注重吟诵课文，大量灌输知识，提高教学速度却不顾学生的接受能力，致使他们不能安心求学。教人不能因材施教，不能使学生的才能得到充分的发展。教学方法违背了教学原则，提出的要求不合学生的实际。这样，学生就会痛恶他的学业，并怨恨他的老师，苦于学业的艰难，而不懂得它的好处。虽然学业结束，他所学的东西必然忘得很快，教学的目的也无法达成，其原因大概就在于此吧！

大学之法，禁于未发之谓豫，当其可之谓时，不陵节而施之谓孙，相观而善之谓摩。此四者，教之所由兴也。

发然后禁，则扞格而不胜[1]。时过然后学，则勤苦而难成。杂施而不孙，则坏乱而不修。独学而无友，则孤陋而寡闻。燕朋逆其师，燕辟废其学。此六者，教之所由废也。

注释 [1]扞（hàn）：触犯。

译文 大学教育的方法，在学生的邪念尚未发生之时预先防止叫作"预防"；当学生可以教育的时候及时进行教育叫作"适时"；不超越阶段而循序渐进的教育叫作"顺序"；互相观察进而学习提高叫作"观摩"。以上四个方面，是促进教育兴盛的方法。

坏事发生了以后才禁止，就会因为学生的抵触而难以实现。过了学习的年龄然后学习，虽勤劳艰苦却难以有所成就。杂乱地进行教学而不循序渐进，就会破坏教学秩序，进而无法挽回。独自学习而没有朋友讨论，就会学识狭窄、见识浅薄。不尊重朋友就会违背老师的教诲。整日游手好闲就会荒废学业。以上六个方面，就是造成教育荒废的原因。

君子既知教之所由兴，又知教之所由废，然后可以为人师也。故君子之教喻也，道而弗牵[1]，强而弗抑，开而弗达。道而弗牵则和，强而弗抑则易，开而弗达则思。和易以思，可谓善喻矣。

学者有四失，教者必知之。人之学也，或失则多，或失则寡，或失则易，或失则止。此四者，心之莫同也。知其心，然后能救其失也。教也者，长善而救其失者也。

注释 [1]道（dǎo）：通"导"。
译文 君子既懂得促进教育兴盛的方法，又知道导致教育失败的原因，然后可以做人的老师。因此君子教育学生，加以诱导而不牵着学生走，加以鼓励而不抑制学生的进取精神，加以开导而不把话说开。诱导而不牵着学生走就能使学生无抵触情绪，鼓励而不抑制学生的进取精神，学生就会感到容易接受，开导而不把话说透就能启发学生思考。能使学生无抵触情绪，易于接受而又勤于思考，可以称为善于教育了。

学生很容易犯四种过错，老师必须要了解。学生的学习，有的失误在量太多，有的失误在量太少，有的失误在于太容易，有的失误在于半途停止。这四个失误，心理各不相同。知道他们的心理之后才能挽救他们的错误。教育，就是鼓励他们发扬做得好的地方而且挽救他们的过失。

善歌者使人继其声，善教者使人继其志。其言也，约而达，微而臧[1]，罕譬而喻，可谓继志矣。

君子知至学之难易，而知其美恶，然后能博喻；能博喻然后能为师；能为师然后能为长；能为长然后能为君。故师也者，所以学为君也，是故择师不可不慎也。《记》曰："三王、四代唯其师。"其此之谓乎！

注释 [1] 臧（zāng）：善。

译文 善于唱歌的人，让人跟着他唱；善于教育的人，让别人继承他们的心志。他们的话简约却明确，简短却内容精到，很少比喻却又尽是比喻，这可以说是继承了老师的心志了。

君子知道进入学问之途的深浅难易，而又了解学生天资的差异，然后能广泛地因材施教。能广泛地因材施教之后能做老师，能做老师然后能做官吏，能做官吏然后才能做国君。因此从师学习，就是学习做君长。所以选择老师不可以不慎重。《礼记》说："三王、四代的君主之所以圣明，都是因为他们选择了高明的老师。"这话说的大概就是这个道理。

凡学之道，严师为难。师严然后道尊，道尊然后民知敬学。是故君之所不臣于其臣者二：当其为尸[1]，则弗臣也；当其为师，则弗臣也。大学之礼，虽诏于天子，无北面，所以尊师也。

善学者师逸而功倍，又从而庸之。不善学者师勤而功半，又从而怨之。善问者如攻坚木，先其易者，后其节目，及其久也，相说以解。不善问者反此。善待问者如撞钟，叩之以小者则小鸣，叩之以大者则大鸣，待其从容，然后尽其声。不善答问者反此。此皆进学之道也。

注释 [1] 尸：这里的"尸"不是尸体，而是祭祀时替死者受祭的人。古人祭祀时，需要挑选一个人来担任尸的角色，尸代表了被祭祀的家族祖先，代表他们来享用后代的奉献。

译文 凡是求学的方法，尊敬老师是最难的。尊敬老师之后道术才会被尊重。道术被尊重了，之后民众才会尊敬学者。因此国君不敢把自己的臣当作臣子对待，有两种情况：当臣充当尸的时候不敢把他当作臣；当臣做自己老师的时候不敢把他当作臣。按照大学的礼仪，即使是向天子讲学，老师也不面朝北，这样体现了对老师的尊敬。

善于学习的人，老师省力而事半功倍，又从而归功于老师。不善于学习的学生，老师辛苦却又事倍功半，又从而得到学生的怨恨。善于提问的人，如同劈砍坚硬的木材，先从较容易的部位开始，然后再向坚硬处进发，时间长了各部分就相互脱离分解开了。不善于提问的学生正好相反。善于回答问题的学生如同撞钟，用小槌敲击就发出了小的钟鸣，用大槌敲击就发出大的钟鸣，待钟声从容鸣响而散尽，问题也就解决了。不善于回答问题的人正好相反。这些都是增进学习的方法。

记问之学，不足以为人师，必也其听语乎。力不能问，然后语之。语之而不知，虽舍之可也。

良冶之子，必学为裘。良弓之子，必学为箕。始驾者反之，车在马前。君子察于此三者，可以有志于学矣。

译文　预先记住相关内容再回答学生的提问，不足以做老师。必须先听学生的问题再解答。学生的学力不能解决老师的问题了，老师再加以启发。启发他了他仍旧不明白，先放一放这个问题也是可以的。

优秀的冶炼工的子弟一定能学会缝补皮袍。优秀的弓匠的子弟一定能学会编织簸箕。开始让马驹学习驾车位置正好相反，让车走在马驹前边。君子明白了这三件事的道理，就可以树立学习的志向了。

古之学者，比物丑类。鼓无当于五声，五声弗得不和。水无当于五色，五色弗得不章。学无当于五官，五官弗得不治。师无当于五服[1]，五服弗得不亲。

君子曰："大德不官，大道不器，大信不约，大时不齐。察于此四者，可以有志于学矣。"

三王之祭川也[2]，皆先河而后海，或源也，或委也，此之谓务本。

注释 [1]五服：古代以亲疏为差等的五种丧服，后用以代指亲属关系或总称远近亲族。[2]三王：夏、商、周三代君王。

译文 古代的学者善于模拟各种事物。鼓与五声并不相关，然而五声没有鼓的鸣奏就不能和谐。水与五色也没有直接关系，但是五色没有水就不能彰显。学习与各级官吏的职能也不直接相关，但是各级官吏要是不学习就无法治理国家。老师与五服亲人并不相关，然而五服亲人没有老师就不知道该如何亲爱亲族。

君子说：有大道德的人不做官，掌握大道理的人不局限于一个器物的使用，讲求大信用的人无须盟誓，把握大时机的人不要求一切行动都整齐划一。懂得这四个方面的道理，就可以明确学习的志向了。

三王祭祀河海，都先祭河再祭海，河是海的本源，海是河的汇聚之处，这就叫作致力于根本。

点评 本文选自《礼记·学记》，《学记》主要讲述了教育的重要性，涉及教育制度、教师地位、教学宗旨等等，是先秦时期教育经验的总结。《学记》是世界上最早的一篇专门论述教育的论文。

在《学记》的研读中，我们要努力体会教育的作用和方法，提高自己的思想认识。《学记》给我们以各方面的启发，其中比较重要的有：一，学习要细水长流，要坚持。二，学习不仅仅是学习知识，更是学习做人、提高修养的过程。三，学习的志向要高远，树立"天下兴亡匹夫有责"的思想。四，教师的责任重大，要因材施教，循循善诱，铸造贤才。

两千多年过去了，《学记》中所体现的教育思想依然是很有价值的，其中有些还是被今人忽略了的。在赞叹于古人智慧的同时，我们也要更加努力，扎扎实实地学习，一步一步地提高，争取实现自己人生的价值。

学 以 致 用

积累篇

1.中国自古以来被称作是"礼仪之邦",中国古代礼乐文化历来以繁难著称,号称"经礼三百,曲礼三千"。古代的礼总的来说可分成五大类:吉礼、凶礼、宾礼、军礼、嘉礼。这五大类里又包含着名目众多的小分类,例如:军礼又分为大师之礼、大均之礼、大田之礼、大役之礼、大封之礼五种。嘉礼是庆贺之礼,分别代表女子和男子成人的"及笄礼"和"冠礼"便属于嘉礼的范畴。

2.《礼记·经解》篇开篇言:"温柔敦厚,诗之教也。"孔子说:"不学《诗》,无以言","《诗》可以兴,可以观,可以群,可以怨。"诸多表述,无不说明,诗教是人格的教化,也是价值观的培养,还是观察社会和评论社会的方法。在我们学过的古代诗歌作品当中,有许多流传千古的名句,闪耀着人格的光辉,涤荡了无数人的心灵。例如文天祥的"人生自古谁无死,留取丹心照汗青",例如林则徐的"苟利国家生死以,岂因福祸避趋之"……你还能说出哪些这样的名句?

研讨篇

《礼记》中所构想的大同社会,反映了自古以来,人们就渴望生活在一个不分彼此、各得其所、没有争斗的和谐社会。我们作为学生,每天生活的学校和班级其实就是一个小型的社会。结合《礼记》中关于大同社会的描述,从管理和人际关系角度出发进行思考,讨论讨论你理想中的集体是什么样子的?

学思篇

2014年9月24日,习近平在纪念孔子诞辰2565周年国际学术研讨会暨国际儒学联合会第五届会员大会开幕会上的讲话中提到:"'小康'这个概念,出自《礼记·礼运》，是中华民族自古以来追求的理想社会状态。使用'小康'这个概念来确立中国的发展目标，既符合中国发展实际，也容易得到最广大人民理解和支持。"

　　随着中国特色社会主义建设事业的深入，现在我们谈论的"小康"，与孔子最初提出的"小康"，其内涵和意义在不断地丰富和发展。请同学们查阅相关资料，说说现阶段我们所说的"小康"与《礼记》中所说的"小康"相比，有了哪些新的内涵和发展？

大师说经典

曹伯韩说"礼"

"三礼"即《周礼》《仪礼》《礼记》。现在"五经"中就只有《礼记》。但古时所谓《礼经》十七篇,却是专指《仪礼》,《礼记》不过是孔门弟子附在《礼经》后面的笔记。现在的《礼记》或称《小戴记》,或称《小戴礼记》。它原是汉朝初年河间献王从民间抄来献给朝廷的,后来刘向校阅政府藏书,又发现几种,合起来共二百十四篇。戴德加以删节,为八十五篇,称《大戴记》(《大戴记》现有残本,不在十三经以内)。戴圣再删为四十篇,称《小戴记》。马融又增编几篇进去,合成四十九篇,就是现在的《礼记》。《周礼》也是河间献王抄来的,其中篇目是按照天、地、春、夏、秋、冬六官分划的,缺冬官一篇,有人找一篇《考工记》来补足它,后来刘歆校理群书,才将这部书编入经籍,叫作《周官经》。这部书,早已有人怀疑它不是古本,但刘歆、郑玄相信它确系周公所作。从它的内容看,大约是战国时人,根据战国以前的行政制度写成的。《仪礼》原有两种本子,一种是汉高堂生所传,是今文,一种从孔宅壁中得来,是古文。东汉郑玄合并两种本子,就是现在流传的《仪礼》。《仪礼》据古文派经生说,也是周公所作。

《仪礼》的内容是冠、昏、丧、祭、朝、聘、燕享等典礼的详细仪式,读了可以了解封建贵族的繁文缛节,可以考见古代宫室、舟车、衣服、饮食等日常生活的情形,以及宗教信仰、亲族制度、政治组织、外交方式等。《周礼》是儒家理想的官制,也包含了古代事实上的制度。所谓六官,是指天官冢宰掌邦治,统百官,好像现在的行政院长;地官司徒掌邦教,布五典,安兆民,好像教育部兼财政部;春官宗伯掌邦礼,治神人,和上下,这是一个宗教官,古代行政、祀神要占一大部分,所以特设一个大官来办理;夏官司马掌邦政,统六师,平邦国,这是陆军部;秋官司寇掌邦禁,诘奸慝,刑暴乱,这是司法部;

冬官司空掌邦土，居四民，时地利，这是农工部。《礼记》的《王制》篇，也讲官制，和《周礼》大致差不多。我国历代官制，多半参考这种办法。清政府的吏（管民政）、户（管财政）、礼（管祭祀及科举）、兵、刑、工六部，就是六官制度。《礼记》一书，对于风俗礼制，说得最多，也有理论文字，要研究封建时代的宗法制度和旧礼教，这是必读的书，如《内则》篇给妇女规定的行为标准，《少仪》篇给青年子弟规定的行为标准，直到近来，还对我国社会发生很大的支配作用。《礼记》中间有些精彩的文字，如《学记》篇的论教育，《乐记》篇的论音乐，《儒行》篇的论修养，《礼运》篇的论政治，现代人都非常赞美，时常引用。但我们须知这部书是汉朝人整理或编写而成的。

又《礼记》中《大学》《中庸》二篇，现已列入"四书"。《大学》相传为曾子所作，其中所记有所谓三纲领，即明明德、亲民、止于至善；有所谓八条目，即格物、致知、诚意、正心、修身、齐家、治国、平天下。但清朝人陈乾初怀疑《大学》不是孔门的书，著有专文论证。《中庸》相传是子思所作，其中谈天命、性、道，是宋儒理学重要根据之一。

——曹伯韩《国学常识》

四 《周易》选读

《周易》自古以来就被尊为"六经之首",是一部博大精深、充满智慧的古代文献典籍,蕴含着丰富的哲学思想和社会道德观念。

《周易》全书分为《易经》和《易传》两部分,《易经》包括六十四卦、卦辞和爻辞。据学者考证,此部分大约成书于西周初年,是上古先民用来占卜之书。《易传》包括七部分,分别为《彖》《象》《系辞》《文言》《说卦》《序卦》和《杂卦》,其中前三篇又各有"上"和"下"两篇,加在一起共成十篇,故又称为"十翼",是辅助研究《易经》的解说资料。相传伏羲创造了八卦,周文王姬昌推演出了六十四卦,而《易传》则是孔子所作,故有孔子读《易经》以致"韦编三绝"的典故。然而,现代学者大多对此说持怀疑态度,认为《周易》的成书是古代人民集体智慧的结晶。

《周易》文辞精炼,以简见大,所载内容广泛又高度抽象。书中"观物取象""万物交感"和"发展变化"的哲学观念,"仁义""宽厚""柔顺"的伦理道德思想,与中华民族传统文化的形成密切相关,深刻影响着几千年来中国社会的政治、经济、文化等各个领域。"天行健,君子以自强不息""地势坤,君子以厚德载物""刚柔相济""生生不息",书中这些积极自勉的人生态度和思辨发展的处世方式滋养着华夏民族的精神世界,数千年来一直引导着人们的观念和行为。

自强不息

《彖》曰[1]：大哉乾元[2]！万物资始[3]，乃统天。云行雨施，品物流形[4]，大明终始[5]，六位时成[6]，时乘六龙[7]，以御天。乾道变化，各正性命。保合大和[8]，乃利贞。首出庶物，万国咸宁。

《象》曰[9]：天行健，君子以自强不息。"潜龙勿用[10]"，阳在下也。"见龙在田"，德施普也[11]。"终日乾乾[12]"，反复道也。"或跃在渊"，进无咎也[13]。"飞龙在天"，大人造也[14]。"亢龙有悔[15]"，盈不可久也。用九[16]，天德不可为首也。

《文言》曰[17]：元者善之长也，亨者嘉之会也，利者义之和也，贞者事之干也。君子体仁足以长人，嘉会足以合礼，利物足以和义，贞固足以干事。君子行此四德者，故曰："乾，元、亨、利、贞[18]。"

注释 [1]《彖》：《周易》中解释卦辞的话。[2] 乾元：天德的开始。乾，《周易》第一卦的卦名，在自然界象征天。元，首。[3] 资：依赖。[4] 流形：谓万物受自然之滋育而运动变化其形体。[5] 大明：日。[6] 六位：即《周易》每卦的六爻。《周易》卦之画叫作爻。六十四卦中，每卦六画，故称。爻分阴阳，"—"为阳爻，称九；"——"为阴爻，称六。每卦六爻，自下而上数：阳爻称初九、九二、九三、九四、九五、上九；阴爻称初六、六二、六三、六四、六五、上六。乾卦是六个阳爻。[7] 六龙：谓《易》乾卦的六爻。《易·乾》："大明终始，六位时成，时乘六龙以御天。"古人认为乾象征天德，乘驾六爻的阳气控御天体。[8] 大和：即"太和"，天地间冲和之气。[9]《象》：象，《周易》专用语，谓解释卦象的意义。[10] 潜龙勿用：乾卦初九爻辞。潜龙，谓阳气潜藏。龙，比喻天之阳气。[11]"见龙"二句：解释乾卦九二爻："见龙在田，利见大人。"田，地上。[12] 终日乾乾：乾卦九三爻："君子终日乾乾，夕惕若厉。"乾乾，自强不息的样子。[13]"或跃"二句：解释乾卦九四爻："或跃在渊，无咎。"[14]"飞龙"二句：解释乾卦九五爻："飞龙在天，利见大人。"[15]亢龙有悔：乾卦上九爻辞。[16]用九：乾卦特有的爻题，谓六爻皆九。乾卦："用九，见群龙，无首，吉。"[17]《文言》：又称《文言传》，是《周易》中对乾、坤两卦的解释。[18]元、亨、利、贞：乾卦之四德。元，始。亨，通。利，和。贞，正。

译文　《彖》辞说：伟大呵，乾元！万物依赖它而创始化生，它统贯于天道运行的整个过程。云气流行，雨水滋育，万物变化，各自成形，太阳运行于终始，六爻得时而形成，好比乘着六条巨龙，以驾驭天道。天道变化，万物各得其性命之正。保全太和之气，才能和谐贞正。始出众物，万国皆得安宁。

　　《象》辞说：天道运行刚劲强健，君子应效法天道，自强不息。"龙潜在水中，还不能发挥作用"，是因为此爻位在最下面。"龙已出现在地上"，是说君子的恩惠将泽及天下。"终日自强不息"，就能使君子无论在上在下，都合乎道。"龙或腾跃而起，或退居于渊，不会有危害"，因为能审时度势，所以进取也不会有危害。"龙飞上了天"，象征德高势重的大人物一定会有所作为。"龙飞过高将会后悔"，因为物极必反，盛极而衰，兴旺不可能永久。用九的爻象说明，天德刚健，对下应当慈柔，不可居首自傲。

　　《文言》说：元，是众善之首；亨，是众美之会；利，是仁义之聚；贞，是事业之本。君子躬行仁道，足以为人尊长；众美之会，完全符合礼法；施利于他物，完全符合道义；节操贞固，就能干好事业。君子是实行这四种美德的人。所以说乾卦象征元、亨、利、贞。

点评　本文节选自《周易·易传·乾卦》。传统文化讲究"天人合一"，认为"天"有意志，人事是天意的体现；天意能支配人事，人事能感动天意，由此两者合为一体。上面这段文字就充分体现了这种思想。乾道在自然界象征天，在人事方面象征君之道。《周易》中的许多内容都是把自然和人事结合在一起的。这种思想强调人与自然的协调统一。今天，工业文明和科技文明的负面效应日益明显，重新思考"天人合一"思想的精神与特点，对于构建人与自然的和谐关系，具有重要的借鉴意义。

阴阳之道

一阴一阳之谓道[1],继之者善也[2],成之者性也。仁者见之谓之仁,知者见之谓之知[3],百姓日用而不知,故君子之道鲜矣。显诸仁[4],藏诸用,鼓万物而不与圣人同忧[5],盛德大业,至矣哉!富有之谓大业,日新之谓盛德。生生之谓易[6],成象之谓乾[7],效法之谓坤,极数知来之谓占[8],通变之谓事[9],阴阳不测之谓神。

注释 [1]阴、阳:中国古代哲学所认为的宇宙中贯通物质和人事的两个对立面。[2]继:秉受,谓万物秉受天道而生长。[3]知:有智慧,这个意义后来写作"智"。[4]诸:之于。[5]鼓:鼓动。[6]生生:孳生不绝,繁衍不已。[7]成象:成为感官可以觉知的形象或现象。[8]极数:穷尽其技艺。[9]通变:通晓变化之理。

译文 一阴一阳的运行变化就是道。秉承这个道而生长,就是善;顺应这个道而成熟,就是性。仁者看见道就说是仁,智者看见道就说是智,百姓每天都在运用道,自己却浑然不知,所以君子之道已经很少了。道的功能靠仁来显现,靠用来藏隐,它鼓动万物生长,却不与圣人怀有共同的忧患。道生化万物的盛德大业伟大到极致了!诸事完备叫作大业,日日更新叫作盛德,阴阳变化使万物生生不息叫作易,形成天象叫作乾,效法地形叫作坤,穷尽技艺预测未来叫作占,通晓变化之理叫作事,阴阳变化精微莫测叫作神。

点评 本文节选自《周易·易传·系辞上》。易学认为事物都有阴阳两个方面、两种因素,它们之间相反相成,相互推移,不可偏废,构成事物的本性及其运动的法则。今天的人类应当与自然和谐相处,顺应天道,敬畏自然,但这不等于消极地受自然摆布,而是要好好利用自然法则,为社会造福,为人类服务。

学 以 致 用

积累篇

　　《周易》作为"群经之首"千百年来对中国文化的影响不言而喻，其中非常突出的一个方面就是大量出自《周易》的成语沿用至今。读读下列成语，你是否明白它们的含义？

仁者见仁　　智者见智　　自强不息　　否极泰来　　三阳开泰
群龙无首　　匪夷所思　　出神入化　　言之有物　　风行水上

研讨篇

　　在《周易》看来，天地间的万物均是"顺从天"的，所以天可以代表整个自然界。人作为天地之所生，是万物中的一员，所以人生活在世界上，要遵循"天意"也就是自然规律，这就是"天人合一"，而违背自然规律行事，一定会受到惩罚。想一想，现实生活中有哪些违背自然规律的实例？

学思篇

　　1. 大家都经历过大大小小的考试，一场小测验，可能成绩不理想，但是不理想的成绩也可以让我们发现自己在学习态度和学习方法上的不足。这就是一场小测验的利与弊，利与弊是一种对立关系，这种对立关系就可以理解为《易经》中的"阴阳"。在我们的生活中，还存在很多这种阴阳现象，请试举一二例。

　　2. 清华大学，是我国著名的高等学府。1914年，著名学者梁启超莅校做以《君子》为题的讲演，以"自强不息""厚德载物"勉励学生，后被铸入校徽，高悬于大礼堂的上方，成为师生共同遵守的校训。"自强不息，厚德载物"便是出自《周易》，这句话有什么含义？请试论。

大师说经典

曹伯韩说《周易》

《易经》是按照六十四卦的次序编排的,从乾卦开始,到未济卦结束。书末附有《系辞》《说卦》《序卦》《杂卦》几种总的说明文字。每个卦都有符号表示,是用阳爻"—"、阴爻"– –"做基础来配合的。配合的方法,第一步是三爻相重而成,即乾、坎、艮、震、巽、离、坤、兑八卦。第二步再将这八卦,每两卦相重而成乾、讼等六十四卦。每卦有一个总的说明,叫"卦辞",每爻各有一个说明,叫"爻辞"。此外,每卦还附有《彖辞》和《象辞》两种文字,乾坤两卦还附了一种,叫《文言》。卦辞、爻辞是"经"的部分,其余文字连书末的在内,都属于"传"("传"的本义是比经短一点的书本,但通行意义是对经义有所发挥的补充文字,所谓圣经贤传,各有专名——这是今文派经学家的主张)。《易传》七种,《彖》《象》《系》各分上下篇,与《说卦》《序卦》《杂卦》《文言》合称"十翼"。相传伏羲画八卦,文王重卦,周公作爻辞,孔子作十翼,其他还有种种的说法,也不知究竟是哪些人作的。

《易经》包含哲学的道理,简单地说,即从前人们所谓易有"简易""变易"及"不易"的三个意义。因为认定宇宙间万事万物都有个规律,不外始、中、终三相之转移,所以能以简驭繁,这就是"简易"。《易经》认为万事万物无时不在变化流转中,如它说"天行健,君子以自强不息",又说"小往大来,大往小来",又说"无平不陂,无往不复",而各种不同的卦,不同的爻,又都是表示各种吉凶消长的复杂情状的,这就是"变易"。但另一方面,它认为变化只是在一个不变的范围里面循环往复,如说"天尊地卑,乾坤定矣","寒往则暑来,暑往则寒来",而不曾发现进化的观念,这就是"不易"。

《易经》的文字和思想都相当地结构完整,郭沫若最近怀疑它不是周初的作品而是战国时候的。是否如此,还待考证。

——曹伯韩《国学常识》

五 《左传》选读

《春秋》，即《春秋经》，也是周朝时期鲁国的国史，现存版本由孔子修订而成。《春秋》因文字过于简质，后人不易理解，所以诠释之作相继出现，对书中记载进行解释和说明，称之为"传"。其中《春秋左氏传》《春秋公羊传》《春秋穀梁传》合称《春秋三传》，列入儒家经典。本书选读《春秋左氏传》。

《左传》，又称《左氏春秋》，相传是春秋末期鲁国史官左丘明所作。西汉时期的经学家认为它是解释经孔子整理的鲁国国史《春秋》的，所以又称它为《春秋左氏传》。左丘明相传是与孔子同时的人，生平事迹不详，仅从《论语·公冶长》的记载可知孔子曾赞赏过他。

《左传》是一部编年体史书，仿照《春秋》的体例，按鲁国从隐公到哀公共十二位国君在位的次序记载史事，起于隐公元年（前722），止于哀公二十七年（前468），实际记事到鲁悼公十四年（前453）。该书对当时各诸侯国之间的争霸、各诸侯国内部的公室及公族间的矛盾斗争等重大政治、经济、外交、军事事件以及一些重要自然现象都有较为真实的记载，是先秦最著名的史学著作，对研究我国古代社会特别是春秋时期社会变革，具有重要价值。

《左传》不仅是一部历史文献，也是具有很高艺术成就的文学作品。《左传》的文学成就使《左传》成为先秦历史散文的一个艺术高峰，为后世叙事文学特点的形成奠定了基础。

齐晋鞌之战[1]

二年[2]，春，齐侯伐我北鄙[3]，围龙[4]。顷公之嬖人卢蒲就魁门焉[5]，龙人囚之。齐侯曰："勿杀！吾与而盟[6]，无入而封[7]。"弗听。杀而膊诸城上[8]。齐侯亲鼓[9]，士陵城[10]。三日，取龙，遂南侵，及巢丘[11]。

注释 [1]鲁成公二年（前589），齐国攻打鲁国、卫国。鲁、卫向晋国求援，于是晋国与齐国间发生了这场战争。鞌（ān），齐国地名，在今山东济南附近。[2]二年：指鲁成公二年。[3]齐侯：指齐顷公。我：指鲁国。北鄙：北部边境。[4]龙：鲁国城邑名，在今山东泰安。[5]嬖（bì）人：宠臣。卢蒲就魁：人名。门：攻打城门。[6]而：你们。盟：盟誓。[7]无入而封：不进入你们的边境。封，边境。[8]膊：谓分裂肢体而暴尸。诸：之于。城：城墙。[9]亲鼓：亲自击鼓。[10]陵城：登上城墙。[11]及：到达。巢丘：地名。

译文 成公二年春天，齐侯攻打我国北部边境，包围龙地。齐顷公的宠臣卢蒲就魁攻打城门，龙地人把他抓住囚禁了起来。齐顷公说："你们别杀他，我和你们盟誓，不进入你们的边境！"龙第人不听，把卢蒲就魁杀了，暴尸于城墙之上。齐顷公亲自击鼓，军士攻上城墙。三天，攻取了龙地。于是向南进犯，到了巢丘。

卫侯使孙良夫、石稷、宁相、向禽将侵齐[1]，与齐师遇[2]。石子欲还[3]，孙子曰[4]："不可！以师伐人，遇其师而还，将谓君何[5]？若知不能，则如无出[6]。今既遇矣，不如战也。"
……

注释 [1]孙良夫：卫国上卿，谥"桓"，史称"孙桓子"。石稷（jì）：又称"石成子"，卫穆公时任卫兵前队副将。宁相：卫大夫。向禽：人名，官职不详。[2] 师：军队。[3] 石子：即石稷。[4] 孙子：即孙良夫。[5] 谓君何：对国君说什么。[6] "若知"二句：如果知道不能作战，就该不出兵。

译文 当时卫侯派孙良夫、石稷、宁相、向禽要去打齐国，正巧与齐军相遇。石稷想回去，孙良夫说："不行。带兵攻打他，遇到敌军就回去了，我们如何向国君复命？如果知道不能作战，就该不出兵。如今既然与敌军遭遇了，就不如一战！"

孙桓子还于新筑[1]，不入，遂如晋乞师[2]。

臧宣叔亦如晋乞师[3]。皆主郤献子[4]。晋侯许之七百乘[5]。郤子曰："此城濮之赋也[6]。有先君之明与先大夫之肃[7]，故捷。克于先大夫，无能为役[8]。"请八百乘，许之。郤克将中军，士燮佐上军[9]，栾书将下军[10]，韩厥为司马[11]，以救鲁、卫。臧宣叔逆晋师[12]，且道之[13]。季文子帅师会之[14]。

……

注释 [1] 新筑：古邑名，在今河北省魏县南部回隆镇一带。[2] 如：往，到……去。乞师：请求出兵援助。[3] 臧宣叔：鲁国大夫。[4] 主郤（xī）献子：等于说到了郤献子那里。郤献子，郤克，晋卿，谥"献"。[5] 晋侯：晋景公。许之七百乘：答应派给郤克七百辆兵车。[6] 城濮之赋：城濮之战的兵车数。城濮之战是公元前632年晋、楚两国在城濮（今山东菏泽市鄄城西南）地区进行的争夺中原霸权的大战。此战晋国大胜，晋文公建立了霸权。赋，兵，军队。[7] 先君：指城濮之战时的晋文公。明：英明。先大夫：指城濮之战的晋国指挥官先轸、赵衰、栾枝等人。肃：敏捷。[8] "克于"二句：我郤克与先大夫相比，还不够格做他们的仆人。[9] 士燮：晋大夫。[10] 栾书：晋卿，栾枝之孙，谥"武"。[11] 韩厥：晋卿。司马：掌管祭祀、惩罚等军政的官员。[12] 逆：迎接。[13] 道：带路。[14] 季文子：鲁卿，谥"文"。

209

译文 孙桓子回到新筑，不进国都，就到晋国求救兵。

臧宣叔也到晋国求救兵，两人都投奔郤献子。晋侯应允出动七百辆战车。郤克说："这是城濮战役所用的兵车数。那时有先君的明察与先大夫的敏捷，才取得胜利。我比起先大夫，简直连做他们仆人都不配。请派出八百乘战车。"晋景公答应了他。郤克率领中军，士燮辅佐上军，栾书率领下军，韩厥为司马，去救援鲁、卫两国。臧宣叔迎接晋军，并为他们引路。季文子帅军与晋军会和。

师从齐师于莘[1]。六月，壬申[2]，师至于靡笄之下[3]。齐侯使请战[4]，曰："子以君师，辱于敝邑，不腆敝赋，诘朝请见[5]。"对曰："晋与鲁、卫，兄弟也。来告曰[6]：'大国朝夕释憾于敝邑之地[7]。'寡君不忍[8]，使群臣请于大国，无令舆师淹于君地[9]。能进不能退，君无所辱命[10]。"齐侯曰："大夫之许[11]，寡人之愿也；若其不许，亦将见也[12]。"齐高固入晋师[13]，桀石以投人[14]，禽之而乘其车[15]，系桑本焉[16]，以徇齐垒[17]，曰："欲勇者，贾余余勇[18]！"

注释 [1]"师从"句：晋军在莘地追上了齐军。莘，齐国地名。[2]壬申：十六日。[3]靡笄：山名。[4]使：派人。请战：请求打仗。[5]"子以"四句：是请求打仗的外交辞令。大意是：您带领国君的军队光临敝国，敝国只有很少的军队，请在明早相见。辱，意为劳驾光临。敝邑，谦辞，称自己的国家。腆，丰厚，多。敝赋，我们的军队。诘朝，明天早晨。[6]来告：指鲁国、卫国来告诉晋国。[7]"大国"句：大国不分早晚在敝邑土地上发泄怒气，意思是齐国正在侵犯我们国家。大国，指齐国。憾，怨恨。[8]寡君：在别的诸侯国人面前谦称自己的国君。[9]"无令"句：不让我军长久留在贵国。舆师，军队。[10]君无所辱命：您的命令不会不照办，意思是同意对方的要求。辱命，辜负使命。[11]许：许诺，同意。[12]"若其"二句：如果不允许，也要相见的。意思是即使你不同意，我也要来进攻你们。[13]高固：齐大夫。[14]桀：通"揭"，举，高举。[15]"禽之"句：是说高固捉住了一个晋国军人，并坐上这个人的兵车。[16]系桑本：是说高固把桑树根绑在车上再驾车回齐军军垒，这样做是为了给自己缴获的车做标记。[17] 徇：巡行。[18]"欲勇"句：想要勇气的可以来买我剩余的勇气！

译文 晋军在莘地追上了齐军。六月十六日，到达靡笄山下。齐侯派使者挑战，说："您率领你们国君的军队光临敝邑，敝国士兵人数很少，请在明早相会。"郤克回答说："晋国与鲁、卫两国，是兄弟之邦。他们前来告诉我们说：'大国不分早晚都在敝邑的土地上发泄怒气。'寡君不忍，就派群臣来向大国请求，又不让我们的军队在贵国久留。我们只能前进不能后退，您的命令我们不会不照办。"齐侯说："大夫允许，正是寡人的愿望。就算您不允许，我们也是要相见的。"齐国的高固闯入晋军，拿起石头投向晋军，抓了晋军的人，爬上他的战车，把桑树根系在车上。回到齐国军营侯巡行说："想要勇气的人，可以来买我剩下的勇气！"

癸酉[1]，师陈于鞌[2]。邴夏御齐侯[3]，逢丑父为右[4]。晋解张御郤克，郑丘缓为右。齐侯曰："余姑翦灭此而朝食[5]！"不介马而驰之[6]。郤克伤于矢，流血及屦[7]，未绝鼓音[8]，曰："余病矣[9]！"张侯曰[10]："自始合[11]，而矢贯余手及肘，余折以御，左轮朱殷，岂敢言病？吾子忍之！"缓曰："自始合，苟有险，余必下推车，子岂识之[12]？然子病矣！"张侯曰："师之耳目，在吾旗鼓，进退从之[13]。此车一人殿之[14]，可以集事[15]，若之何其以病，败君之大事也？擐甲执兵，固即死也[16]。病未及死，吾子勉之！"左并辔[17]，右援枹而鼓[18]，马逸不能止[19]，师从之。齐师败绩。逐之，三周华不注[20]。

注释 [1]癸酉：六月十七日。[2]陈：摆开阵势。[3]邴夏：与下文的"逢丑父""解张""郑丘缓"都是人名。御齐侯：为齐侯驾车。[4]右：车右，又称骖乘，古代战车上坐在右边负责保卫尊者的武士，由有勇力的人担任。[5]姑：姑且。翦灭：消灭。此：指眼前的敌人。朝食：吃早饭。[6]不介马：不给马披上甲。[7]屦：鞋。[8]绝：停止，断绝。[9]病：指伤势很重。[10]张侯：即解张。[11]合：指交战。

[12] 识：觉察，知道。[13] "师之"三句：我军的注意力都集中在我们的旗鼓上，前进后退都听从它们指挥。[14] 殿：镇守。[15] 集事：成事。[16] "擐（huàn）甲"二句：大意是穿上战衣手执兵器来打仗，本来就抱定了必死的决心。[17] 左并辔：左手把缰绳并在一起。辔，缰绳。[18] 援：拿过来。枹（fú）：鼓槌。[19] 逸：狂奔。[20] "三周"句：围绕华不注山跑了好几圈。华不注，山名，在今山东济南市东北。

译文 六月十七日，齐、晋国两军在鞌地摆开了阵势。邴夏为齐侯驾车，逢丑父担任车右。晋国解张为郤克驾车，郑丘缓担任车右。齐侯说："我姑且消灭了这些敌人再吃早饭。"马没披甲就驰向晋军。郤克被箭射伤，血流到了鞋上，但他一直没停止击鼓，并说："我受伤了！"解张说："从开始交战，箭就射穿了我的手和肘，我折断了箭，继续驾车，左边的车轮都染成了深红色，哪里敢说受伤？您还是忍着吧！"郑丘缓说："从开始交战，只要有险阻，我必定下去推车，您哪里知道这些？不过您真受伤了！"解张说："全军的耳目都在于我们的旗子和鼓声，进攻后退都听从旗鼓。这辆车只要一个人坐镇，就可以打胜仗，怎么能因为负伤而坏了国君的大事呢？穿上铠甲，拿起兵器，本来就是去赴死；受了伤还没到垂死的地步，就要奋力而为啊！"说着把缰绳并到左手上，右手拿过鼓槌来击鼓。战马狂奔不已，晋军跟了上去，齐军大败。晋军追击，围着华不注山追了三圈。

韩厥梦子舆谓己曰[1]："且辟左右[2]。"故中御而从齐侯。邴夏曰："射其御者，君子也[3]。"公曰："谓之君子而射之，非礼也。"射其左，越于车下[4]。射其右，毙于车中[5]。綦毋张丧车[6]，从韩厥，曰："请寓乘[7]。"从左右。皆肘之[8]，使立于后。韩厥俯，定其右[9]。

注释 [1] 子舆：韩厥的父亲。[2] 辟：避。左右：指战车的左右两侧。[3] 君子：指贵族。[4] 越：坠。[5] 毙：倒。[6] 綦毋张：晋大夫。丧车：兵车在战斗中毁坏了。[7] 请寓乘：请允许我搭车。[8] "从左右"二句：是说綦毋张站在左边和右边，韩厥都用肘顶他。[9] 定其右：把被射倒在车中的车右放稳当。

译文 韩厥梦见父亲子舆对自己说:"明晨不要站在战车的左右两侧。"因此他在车中间驾车追赶齐侯。邴夏说:"射那个驾车的,他是个君子。"齐侯说:"称他为君子又去射他,不合于礼。"于是射他左边的人,那人坠落到车下;射他右边的人,那人倒在车里。晋军将军綦毋张丢了战车,跟在韩厥车后,说:"请允许我搭你的车。"上车想站在左边或右边,韩厥都用肘顶他,让他站在自己身后。韩厥弯下身把受伤的车右安放稳当。

逢丑父与公易位[1]。将及华泉[2],骖絓于木而止[3]。丑父寝于轏中[4],蛇出于其下,以肱击之[5],伤而匿之[6],故不能推车而及。韩厥执絷马前,再拜稽首,奉觞加璧以进[7],曰:"寡君使群臣为鲁、卫请,曰:'无令舆师陷入君地。'下臣不幸,属当戎行,无所逃隐。且惧奔辟,而忝两君。臣辱戎士,敢告不敏,摄官承乏[8]。"丑父使公下,如华泉取饮[9]。郑周父御佐车[10],宛茷为右,载齐侯以免[11]。

注释 [1]公:指齐顷公。易位:交换座位。[2]华泉:泉名,在华不注山下。[3]骖:古代一车驾四匹马或三匹马,夹着车辕(当时是单辕)的两匹马称为"服",服马边上的马称为"骖"。絓(guà),绊住。[4]"丑父"句:说的是头一天晚上的事。轏(zhàn),栈车,用竹木做成车厢的轻便车子。[5]肱:手臂从肘到肩的部分。[6]匿:隐瞒。[7]"韩厥"三句:写进见别国国君的礼节。絷,绊马索。古代贵族外出,奴仆要背着马笼头、绊马索跟在后面。再拜稽首,拜两次再稽首。稽首,一种最恭敬的跪拜礼,双手、头都至地。奉,捧。觞,古代酒器。璧,一种中间有孔的圆形玉。进,奉献。[8]"寡君"至"承乏":韩厥宣布俘虏齐顷公时所用的外交辞令。大意是:寡君派我们这些臣下替鲁、卫求情,说:"不要让军队进入齐国领地。"下臣不幸,正好遇上了您的兵车队列,无所逃跑躲藏。而且害怕逃跑躲避会给齐晋两国国君带来耻辱。我只好勉强充当一次军人,谨向您报告我的无能,但因为我国人才缺乏,只好让我承当这个官职(来履行俘虏您的职责)。下臣,韩厥对自己的谦称。戎行,兵车的行列,指齐军。忝，使……受辱。戎士，战士。不敏，即不才。摄，代理官职。承乏，在人才缺乏的情况下担任官职。[9] 如：往，到……去。[10] 佐车：副车。[11] 免：免于被俘。

译文 逢丑父和齐侯交换了座位。将要到达华泉时，齐侯车的边马被树枝钩住，车就停了。头几天夜里丑父睡在栈车里，有蛇从他身底爬过，他以臂击蛇，手臂受伤却隐瞒了伤情，所以不能推车，就被追上了。韩厥手持拴马绳站在齐侯的马前，拜两拜，下跪叩头至地。捧着酒杯，上面放一块玉璧，向齐侯献上，说："寡君派我们这些臣下为鲁、卫两国求情，说：'不要让军队深入齐国的土地。'下臣不幸，正好遇上了您的军队，无处逃避躲藏，而且怕逃避会给两国君主带来耻辱。下臣勉强充当一名战士，冒昧地向您报告我的无能，但由于人才缺乏，只好代理这个职务来履行职责。"逢丑父命令齐侯下车，到华泉去取水。郑周父驾着副车，宛茷担任车右，载上齐侯逃跑了。

韩厥献丑父，郤献子将戮之[1]。呼曰："自今无有代其君任患者[2]，有一于此，将为戮乎[3]！"郤子曰："人不难以死免其君[4]。我戮之不祥，赦之，以劝事君者[5]。"乃免之[6]。

注释 [1] 郤献子：即郤克。[2] 任患：承担灾难。[3] 为戮：被杀。[4] 不难以死免其君：不把用生命免除君主的灾难当作难事。[5] 劝：鼓励。[6] 免：赦免，不杀。

译文 韩厥献上逢丑父，郤克要杀掉他。逢丑父高呼道："从今以后不会再有替自己的国君受难的人了，有一个在这里，还要被杀吗？"郤克说："一个人不怕用生命来使其国君免于祸患，我杀了他不吉利。赦免他，用来鼓励事奉国君的人。"于是赦免了逢丑父。

齐侯免，求丑父，三入三出[1]。每出，齐师以帅退[2]。入于狄卒[3]，狄卒皆抽戈楯冒之[4]，以入于卫师，卫师免之[5]。遂自徐关入[6]。齐侯见保者[7]，曰："勉之[8]！齐师败矣。"辟女子[9]，女子曰："君免乎[10]？"曰："免矣。"曰："锐司徒免乎[11]？"曰："免矣。"曰："苟君与吾父免矣，可若何[12]！"乃奔。齐侯以为有礼，既而问之[13]，辟司徒之妻也[14]。予之石窌[15]。

（成公二年）

注释 [1] 三入三出：指在晋军中多次进出。[2] 以帅退：簇拥着保护他出来。[3] 狄卒：狄人的士兵。狄，部族名，狄军是跟随晋军讨伐齐军的。[4] 冒：保护，狄人、卫人都害怕齐国的强大，所以不敢害齐侯而保护他。[5] 免：不加伤害。[6] 徐关：地名，故址在今山东省淄川西，或云在山东淄博市西南。入：指进入齐国境内。[7] 保者：守军。[8] 勉之：意为努力。[9] 辟女子：是说前卫驱赶一个女子，让她回避国君的车。[10] 免：免于祸难。[11] 锐司徒：官名，担任此官的是该女子的父亲，也参加了此次战役。[12] 可若何：还要怎么样，意思是不能要求有更好的结局。[13] 问：查访。[14] 辟司徒：官名。[15] 予之石窌（liù）：赐给她石窌作为封地。石窌，齐国城邑。

译文 齐侯逃脱以后，寻找逢丑父，在晋军中多次进出。每次出来，齐军都簇拥着护卫他。进入狄人军队中，狄人士兵都抽出戈和盾以保护他。进入卫国的军队中，卫军也不伤害他。于是，就从徐关进入齐国。齐侯看到守军，说："你们努力吧！齐军败了！"齐侯的前卫驱使一个女子让她让路，这个女子问："国君免于祸难了吗？"说："免了。"又问："锐司徒免于祸难了吗？"说："免了。"她说："如果国君和我父亲免于祸难了，还要求什么？"就跑开了。齐侯认为她懂得礼，后来查询得知她是辟司徒的妻子，就赐给她石窌地方作为封邑。

点评 鞌之战是春秋时期的著名战役。此战中，晋国的长处在于能够上下同心、团结一致、奋不顾身，因此取得了胜利。而齐侯狂妄（"若其不许，亦将见也"）、轻敌（"余姑剪灭此而朝食"）而又迂腐（"谓之君子而射之，非礼也"），可见其失败不是偶然的。在交代事件、塑造人物方面，本文也有不少精彩之笔。除上面所说齐侯的特点外，晋军解张、郑丘缓鼓励受伤的郤克的情节，齐军高固余勇可贾的人物特点，逢丑父愿代国君受难的贤臣形象，都寥寥数笔，却跃然纸上。还有作战双方使用的外交辞令，也让今天的读者有机会了解古人外交的某些特点。

子产相郑[1]

郑子皮授子产政[2]，辞曰："国小而逼[3]，族大宠多[4]，不可为也。"子皮曰："虎帅以听[5]，谁敢犯子？子善相之[6]。国无小，小能事大，国乃宽[7]。"

……

子产使都鄙有章[8]，上下有服[9]，田有封洫[10]，庐井有伍[11]。大人之忠俭者[12]，从而与之[13]；泰侈者因而毙之[14]。

丰卷将祭[15]，请田焉[16]。弗许，曰："唯君用鲜，众给而已[17]。"子张怒，退而征役[18]。子产奔晋，子皮止之，而逐丰卷。丰卷奔晋。子产请其田、里[19]，三年而复之[20]，反其田、里及其入焉[21]。

从政一年，舆人诵之曰[22]："取我衣冠而褚之[23]，取我田畴而伍之。孰杀子产，吾其与之[24]。"及三年，又诵之曰："我有子弟，子产诲之[25]。我有田畴，子产殖之[26]。子产而死，谁其嗣之[27]？"

（襄公三十年）

注释 [1]子产（？~前522）：春秋时期郑国贵族。公孙氏，名侨，字子产，号成子。郑简公十二年（前554）为卿，二十三年执政，相郑简公、郑定公二十余年，卒于郑定公八年。[2]子皮：郑国上卿，名罕虎。子产之前，郑国由他执政。[3]逼：逼近大国。[4]族大：家族庞大。宠多：受宠的人多。[5]虎：子皮称呼自己。帅以听：率领他们听从。[6] 善相：好好辅佐国政。[7] "国无"三句：国家不在于小，若小国能侍奉大国，国家就可以缓和了。[8] 都鄙有章：城市和乡村有区别。都，大城市。鄙，边邑，此指乡下。章，区分。[9] 服：职责。[10] 封洫（xù）：田界水沟。[11] 庐：庐舍。井：井田，相传古代的一种土地制度，以方九百亩为一里，划为九区，形如"井"字，故名。泛指田地。伍：古代民户编制单位，五家编为一伍。[12] 大人：卿大夫。[13] 与：听从。[14] 毙：依法惩办。[15] 丰卷：郑国贵族，字子张。[16] 请田：请求打猎，是说丰卷要用猎获的禽兽祭祀祖先。[17] "唯君"二句：只有国君能用新猎的野兽，众臣祭祀只要够用就可以了。鲜，新猎的野兽。给，丰足。[18] 征役：招兵（要攻打子产）。[19] 请其田里：请求保留丰卷的田地住宅。[20] 复之：让丰卷回来，恢复原职。[21] "反其"句：归还丰卷的田地住宅和其他收入。[22] 舆人：众人。[23] 褚：储藏，奢侈的人害怕被惩办，所以把好衣物藏起来。[24] 与：参与。[25] 诲：教导。[26] 殖：种植。[27] 嗣：继承。

译文 郑国的子皮把政权交给子产，子产推辞说："国小而又逼近大国，家族庞大而受宠的人又多，我不能治理好。"子皮说："我率领他们听从，谁敢触犯您？你好好辅佐国政吧。国不在于小，小国能事奉大国，国家就可以缓和了。"

……

子产让城市和乡村有区别，上下各有职责，田土有四界水沟，庐舍和耕地能互相适应。对卿大夫中忠诚俭朴的，就听从亲近他；骄傲奢侈的，就惩治推翻他。

丰卷要祭祀，请求猎取祭品。子产不允许，说："只有国君祭祀才用新猎的兽类，一般人只要够用就可以了。"丰卷生气了，退出以后就召集士兵。子产要逃往晋国，子皮阻止他而驱逐了丰卷。丰卷逃到晋国，子产要求不要没收他的田宅，三年后让丰卷回国，把他的田宅和所有收入都还给了他。

子产参政一年，人们念叨说："算计我的衣冠来收费，丈量我的土地来征税。谁能杀子产，我助他一臂之力。"到了三年，又念叨说："我有子弟，子产教诲；我有土田，子产栽培。子产逝世，谁能继位？"

子产之从政也，择能而使之[1]。冯简子能断大事[2]；子大叔美秀而文[3]；公孙挥能知四国之为[4]，而辨于其大夫之族姓、班位、贵贱、能否[5]，而又善为辞令；裨谌能谋[6]，谋于野则获，谋于邑则否[7]。郑国将有诸侯之事，子产乃问四国之为于子羽，且使多为辞令[8]；与裨谌乘以适野[9]，使谋可否；而告冯简子，使断之；事成，乃授子大叔使行之，以应对宾客。是以鲜有败事[10]。

（襄公三十一年）

注释 [1] 能：有才能的人。[2] 冯简子：郑国大臣。[3] 子大叔：郑国正卿游吉，字大叔，世人尊称子大叔。文：有文采。[4] 公孙挥：郑国大臣，字子羽。四国之为：四方诸侯国想干什么。[5] 班位：官职爵位。贵贱：地位高低。能否：才能高低。[6] 裨谌（chén）：郑大夫。[7] 谋于野则获，谋于邑则否：在野外谋划就正确，在城里谋划就不行。[8] 为辞令：指起草外交文件。[9] 乘以适野：乘车到野外去。[10] 鲜有败事：很少有办坏的事。

译文 子产理政，选择贤能的人加以使用。冯简子能够决断大事。子太叔秀美有文采。子羽了解四围邻国的动态，并且熟悉各国大夫的姓氏、职务、贵贱、能力，还擅长辞令。裨谌善于谋划，在郊外策划的方案往往成功；在都市中策划的方案往往失败。当郑国有外交事务，子产首先向子羽询问四围邻国的政令，并且派他多起草几份外交辞令稿。再和裨谌乘车去郊外，让他策划是否可行。而后把计划告诉冯简子，让他决断。准备好后，派子太叔出去执行，让他去与各国宾客交涉应对。因此，事情很少有失败的。

郑人游于乡校[1]，以论执政。然明谓子产曰[2]："毁乡校，何如？"子产曰："何为？夫人朝夕退而游焉[3]，以议执政之善否。其所善者，吾则行之；其所恶者，吾则改之。是吾师也，若之何毁之？我闻忠善以损怨[4]，不闻作威以防怨。岂不遽止？然犹防川[5]，大决所犯[6]，伤人必多，吾不克救也[7]。不如小决使道[8]，不如吾闻而药之也[9]。"然明曰："蔑也今而后知吾子之信可事也[10]。小人实不才，若果行此，其郑国实赖之[11]，岂唯二三臣[12]？"

仲尼闻是语也，曰："以是观之，人谓子产不仁，吾不信也。"

（襄公三十一年）

注释 [1] 乡校：古代地方学校。[2] 然明：郑大夫鬷蔑，字然明。[3] "夫人"句：那些人早晚干完活在那里游玩。退，工作完毕后回来。焉，在那里。[4] 忠善以损怨：用忠心做善事来减少怨恨。[5] "岂不"二句：难道威权不能很快制止议论吗？可是就像筑堤堵塞河水一样。[6] 大决：严重的决堤。[7] 克：能。[8] 小决使道：放一点小水流使之疏导。[9] 闻而药之：听听这些话，将其当作良药。[10] 信可事：确实值得侍奉。[11] 郑国实赖之：确实有利于郑国。赖，依赖。之，指不毁乡校的做法。[12] 岂唯二三臣：岂止（有利于）几位大臣。

译文 郑国人到乡校休闲聚会，议论政事的得失。郑国大夫然明对子产说："拆掉乡校，怎么样？"子产说："为什么？人们早晚干完活儿来这里聚一下，议论一下施政措施的得失。他们喜欢的我们就推行，他们厌恶的我们就改正。这是我们的老师，为什么要拆掉它呢？我听说尽忠心做好事以减少怨恨，没听说过依仗权势来防止怨恨。难道不能很快制止这些议论吗？然而那就像堵塞河流一样：河水大决口的灾难，伤害的人必然很多，我是救不过来；不如开个小口疏导，不如我们听听这些议论，把它当作治病的良药。"然明说："从现在起我才知道您确实可以成大事。小人确实没有才能。如果照你说的做，郑国就有了依靠，岂止是有利于我们这些臣子！"

孔子听到了这番话，说："由此看来，人们要说子产不仁，我可不相信。"

子皮欲使尹何为邑[1]。子产曰："少[2]，未知可否。"子皮曰："愿[3]，吾爱之，不吾叛也[4]。使夫往而学焉[5]，夫亦愈知治矣。"子产曰："不可。

人之爱人，求利之也[6]。今吾子爱人则以政[7]，犹未能操刀而使割也，其伤实多。子之爱人，伤之而已，其谁敢求爱于子[8]？子于郑国，栋也。栋折榱崩，侨将厌焉[9]，敢不尽言？子有美锦，不使人学制焉[10]。大官大邑[11]，身之所庇也[12]，而使学者制焉[13]。其为美锦，不亦多乎[14]？侨闻学而后入政，未闻以政学者也。若果行此，必有所害。譬如田猎，射御贯[15]，则能获禽，若未尝登车射御，则败绩厌覆是惧[16]，何暇思获？"子皮曰："善哉！虎不敏。吾闻君子务知大者远者，小人务知小者近者。我，小人也。衣服附在吾身，我知而慎之；大官大邑，所以庇身也，我远而慢之[17]。微子之言[18]，吾不知也。他日我曰[19]：'子为郑国，我为吾家，以庇焉[20]，其可也。'今而后知不足。自今请虽吾家，听子而行[21]。"子产曰："人心之不同，如其面焉[22]。吾岂敢谓子面如吾面乎？抑心所谓危[23]，亦以告也。"子皮以为忠，故委政焉[24]。子产是以能为郑国[25]。

（襄公三十一年）

注释 [1] 尹何：子皮的年轻家臣。为邑：担任子皮封地的管理人。[2] 少：年轻。[3] 愿：忠厚。[4] 不吾叛：不会背叛我。[5] 夫：他，指尹何。[6] 利之：对他有利。[7] 吾子：对对方亲切的尊称。以政：把治理政事的责任交给他。[8] 求爱于子：要求被您喜爱。[9]"栋折"二句：栋梁折断，椽子就要崩散，我就要被压在下面了。榱（cuī），椽子。侨，子产的自称。厌，通"压"。[10] 制：指裁剪缝制。[11] 大邑：指子皮的封邑。[12] 身之所庇：是自身的庇护。[13] 学者：学习的人。制：用缝衣服比喻治理政事。[14]"其为"二句：是说封邑和美锦相比价值不是多得多吗。[15] 御：驾车。贯：通"惯"，熟练。[16] 则败绩厌覆是惧：只害怕车翻压到人。[17] 远而慢之：疏远而轻视它们。[18] 微：如果没有。[19] 他日：以前。[20]"子为"二句：你管理郑国，我管理我的家族封地以庇护我自己。[21] 请：请求。虽吾家，听子而行：即使是我的家族封地，也要听凭你去办理。[22] 面：

面孔。[23] 抑：不过。心所谓危：心里觉得危险。[24] 委政焉：把政事交给子产。[25] 是以：因此。为：治理。

译文　子皮想让尹何管理自己的封地。子产说："太年轻了吧，不知他行不行。"子皮说："这个人忠厚，我喜欢他，他不会背叛我。让他到那里再学习吧，那样他就逐渐有政治经验了。"子产说："不行。人们喜爱一个人，就要寻求对这个人有利。如今先生喜爱人却让他管理政事，这就像让不会拿刀的人去割肉，他受到伤害的可能就很大。您喜爱一个人，却让他受伤害，以后谁还敢要求被您喜爱呢？您对于郑国，好比支撑房屋的栋梁；栋梁一断，屋椽也会崩塌，我也会压在里面，所以我岂敢不把心里话全说出来？您有漂亮的绸缎，是不会让人用它来学裁剪。而封地是您终身的依靠，您却让一个初学者人去管理。封地和漂亮的绸缎相比，不是更重要吗？我只听说先学习了，然后才能担任重要的行政职务，没听说拿重要的行政职务去让人学习的。如果真这样做，一定会有危害。就好比打猎，射箭、驾车都很娴熟，才会有所收获。要是从未驾过车射过箭，那他光顾了担心翻车被压到车底下，哪还有心思考虑捕获猎物呢？"子皮说："说得好！我太傻了。我听说君子追求的是了解大处、远处，而小人却只知道小处、近处。我就是一个小人。衣服穿在我身上，我知道小心地珍惜它；重要的官职和封地是我终身的依靠，我却疏远、轻视它。如果没有你这番话，我还不明白这个道理。以前我说：'您来管理郑国，我只管好自己的家族，让自己有个依靠，这就可以了。'从今以后我知道，即使我家里的事也要先听听你的意见，然后才能去办理。"子产说："人心各不相同，就像人的脸。我怎么敢说您的脸就像我的脸呢？不过我心里觉得危险，就告诉您了。"子皮由此看出子产的忠心，所以把政权交给了他。子产也因此能把郑国治理得很好。

　　郑子产有疾，谓子大叔曰："我死，子必为政。唯有德者能以宽服民[1]，其次莫如猛[2]。夫火烈，民望而畏之，故鲜死焉[3]；水懦弱，民狎而玩之[4]，则多死焉。故宽难。"疾数月而卒。大叔为政，不忍猛而宽。郑国多盗，取人于萑苻之泽[5]。大叔悔之，曰："吾早从夫子，不及此。"兴徒兵以攻萑苻之盗[6]，尽杀之。盗少止。

仲尼曰："善哉！政宽则民慢[7]，慢则纠之以猛。猛则民残[8]，残则施之以宽。宽以济猛[9]，猛以济宽，政是以和。《诗》曰，'民亦劳止，汔可小康；惠此中国，以绥四方[10]'。施之以宽也。'毋从诡随，以谨无良。式遏寇虐，憯不畏明[11]'，纠之以猛也。'柔远能迩，以定我王[12]'，平之以和也。又曰，'不竞不絿，不刚不柔，布政优优，百禄是遒[13]'，和之至也[14]。"

及子产卒，仲尼闻之，出涕曰[15]："古之遗爱也[16]。"

（昭公二十年）

注释 [1]以宽服民：用宽大使百姓服从。[2]猛：严厉。[3]鲜死焉：很少死于火中。[4]狎：轻慢。[5]取：通"聚"。萑（huán）苻（fú）之泽：芦苇丛生的水泽。[6]徒兵：步兵。[7]慢：怠慢。[8]残：伤残。[9]济：调剂。[10]"民亦"四句：与下文"毋从"四句、"柔远"二句，均引自《诗经·大雅·民劳》。"民亦"四句大意：百姓已很劳苦，应该可以稍安康。施恩惠于中原各国，用以安定四方。汔，接近，差不多。中国，中原地区。绥，安，安定。[11]"毋从"四句：今本《诗经》"毋从"作"无纵"，"憯"作"憯"。大意：不要放纵随声附和的人，以约束不良之辈；应当制止残暴劫夺，他们不怕违法乱纪。憯，曾，乃。明，法。[12]"柔远"二句：怀柔对待远近的人，以安定我王。迩，近。[13]"不竞"四句：引自《诗经·商颂·长发》。大意：不急不缓，不刚不柔，施政从容不迫，各种福禄都来到。竞，强劲。絿，缓和。优优，宽和的样子。遒：聚合，聚集。[14]至：极点。[15]涕：眼泪。[16]古之遗爱：是说子产的仁爱是古人的遗风。

译文 郑国子产得病了。他对子太叔说："我死后，您必定执政。只有道德高尚者能用宽松的政策使民众服从，道德次一等的就不如施行刚猛的政策了。好比烈火，人们望见就害怕，所以很少有人死于烈火的。水柔弱，人们亲近它，和它嬉戏，就会有很多人死于水里。所以实施宽松的政策更难。"子产病了几个月后去世了。太叔执政，不忍心刚猛而采用宽松的政策。郑国于是出了很多强盗，他们聚集在萑苻之泽。太叔后悔了，说："我早听夫子的话，就不会到这一步。"于是派步兵去攻打萑苻的强盗，将他们全部消灭，强盗才稍稍有所收敛。

孔子说："好啊！施政宽民众就怠慢，怠慢了就要用刚猛的政策来纠正。施政猛民众就会受伤害，受了伤害就要对他们施行宽松的政策。用宽来调和猛，又用猛来补充宽，政事就调和了。《诗经》上说：'百姓劳苦，可使安康，加惠中原，安抚四方。'这是说的施行宽政。这首诗又说：'不可轻易放纵小恶；以此约束不良之人，遏制盗贼暴虐，他们从不怕法律严明。'这是说用猛政来纠正。这首诗又说：'安抚远方，怀柔近处，安定我王室。'这是说通过和谐使国家安定。《诗经》还说：'不急不缓，不柔不刚，施政从容，福禄安康。'这是和谐的最高境界！"等到子产去世，孔子听到后，流下了眼泪，说："子产的作风，是古代仁爱政治的遗风啊！"

点评 子产是春秋时期著名的政治家，在郑国执政二十余年，内政外交都成就卓著。上面的几件事说明他胸怀宽广、深谋远虑、为政有方、善于识人用人，而且长于辞令，这都是为官执政所应当具备的条件。更可贵的是，他懂得让百姓有机会畅所欲言地评论执政者的重要性，这需要很大的气魄和胸襟，实在难能可贵。他提出的为政宽猛的看法，对后世也产生了很大影响。

学 以 致 用

积累篇

教育部新闻办公室官方微信"微言教育"利用移动新媒体空间,传承优秀传统文化,不断推送传统经典文段名句,《左传》亦在其中。请借助资料,补写出上句或下句,感受《左传》的理富文美。

善不可失,_____。(《左传·隐公六年》)

_____,量力而行之,相时而动,无累后人。(《左传·隐公十一年》)

俭,德之共也;_____。(《左传·庄公二十四年》)

居安思危,_____,有备无患,敢以此规。(《左传·襄公十一年》)

_____,行而不远。(《左传·襄公二十五年》)

弈者举棋不定,_____。(《左传·襄公二十五年》)

研讨篇

从春秋争霸战争的发展过程来看,此时的战争形式非常多样化,有结盟称霸,有灭国夺地;有车战,有步战;有陆战,有水战;有于两国接壤地区而战,有于敌国腹地而战;有一战决胜负,有长期反复较量……各国用兵更加灵活,分析敌情更加细致,战机捕捉更加准确,对战争规律的认识更加深入。

阅读《齐晋鞌之战》,结合春秋时期你所熟悉的其他著名战例,如城濮之战、鄢陵之战等,谈谈你对春秋争霸战争的认识。

学思篇

春秋时代是中国文化史上最为辉煌灿烂的时代,人才辈出。英雄、谋士、思想家、政治家比比皆是。子产就是其中一位。他在相郑期间,把饱受战火和内乱摧残的郑国治理得井然有序,路不拾遗,夜不闭户。清初著名史学家王源把子产推为春秋第一人。另一位学者李元度更是认为，子产之德过于管仲，即使是诸葛亮，也不过是以管仲、乐毅自况，不敢比拟子产。虽然有很多学者认为这是对子产的过誉，但他的执政确实兼有各家之所长，补各家之所短。

阅读有关著作，分析子产执政的特点。

大 师 说 经 典

朱自清说《左传》

"春秋"是古代记事史书的通称。古代朝廷大事,多在春秋二季举行,所以记事的书用这个名字。各国有各国的《春秋》,但是后世都不传了。传下的只有一部《鲁春秋》,《春秋》成了它的专名,便是《春秋经》了。

传说这部《春秋》是孔子作的,至少是他编的。鲁哀公十四年,鲁西有猎户打着一只从没有见过的独角怪兽,想着定是个不祥的东西,将它扔了。这个新闻传到了孔子那里,他便去看。他一看,就说:"这是麟啊。为谁来的呢!干什么来的呢!唉唉!我的道不行了!"说着流下泪来,赶忙将袖子去擦,泪点儿却已滴到衣襟上。原来麟是个仁兽,是个祥瑞的东西,圣帝明王在位,天下太平,它才会来,不然是不会来的。可是那时代哪有圣帝明王?天下正乱纷纷的,麟来得真不是时候,所以让猎户打死;它算是倒了运了。

孔子这时已经年老,也常常觉着生的不是时候,不能行道;他为周朝伤心,也为自己伤心。看了这只死麟,一面同情它,一面也引起自己的无限感慨。他觉着生平说了许多教,当世的人君总不信他,可见空话不能打动人。他发愿修一部《春秋》,要让人从具体的事例里,得到善恶的教训,他相信这样得来的教训比抽象的议论深切著明得多。他觉得修成了这部《春秋》,虽然不能行道,也算不白活一辈子。这便动起手来,九个月书就成功了。书起于鲁隐公,终于获麟;因获麟有感而作,所以叙到获麟绝笔,是纪念的意思。但是《左传》里所载的《春秋经》,获麟后还有,而且在记了"孔子卒"的哀公十六年后还有:据说那却是他的弟子们续修的了。

这个故事虽然够感伤的,但我们从种种方面知道,它却不是真的。《春秋》只是鲁国史官的旧文,孔子不曾掺进手去。《春秋》可是一部信史,里面所记的鲁国日食，有三十次和西方科学家所推算的相合，这绝不是偶然的。不过书中残阙、零乱和后人增改的地方，都很不少。书起于隐公元年，到哀公十四年止，共二百四十二年（前722—前481）；后世称这二百四十二年为春秋时代。书中纪事按年月日，这叫作编年。编年在史学上是个大发明；这教历史系统化，并增加了它的确实性。《春秋》是我国现存的第一部编年史。书中虽用鲁国纪元，所记的却是各国的事，所以也是我们第一部通史。所记的齐桓公、晋文公的霸迹最多；后来说"尊王攘夷"是《春秋》大义，便是从这里着眼。

　　古代史官记事，有两种目的：一是征实，二是劝惩。像晋国董狐不怕权势，记"赵盾弑其君"，齐国太史记"崔杼弑其君"，虽杀身不悔，都为的是征实和惩恶，作后世的鉴戒。但是史文简略，劝惩的意思有时不容易看出来，因此便需要解说的人。《国语》记楚国申叔时论教太子的科目，有"春秋"一项，说"春秋"有奖善惩恶的作用，可以戒劝太子的心。孔子是第一个开门授徒，拿经典教给平民的人，《鲁春秋》也该是他的一种科目。关于劝惩的所在，他大约有许多口义传给弟子们。他死后，弟子们散在四方，就所能记忆的又教授开去。《左传》《公羊传》《穀梁传》，所谓《春秋》三传里，所引孔子解释和评论的话，大概就是指的这一些。

　　三传特别注重《春秋》的劝惩作用；征实与否，倒在其次。按三传的看法，《春秋》大义可以从两方面说：明辨是非，分别善恶，提倡德义，从成败里见教训，这是一；夸扬霸业，推尊周室，亲爱中国，排斥夷狄，实现民族大一统的理想，这是二。前者是人君的明鉴，后者是拨乱反正的程序。这都是王道。而敬天事鬼，也包括在王道里。《春秋》里记灾，表示天罚，记鬼，表示恩仇，也还是劝惩的意思。古代记事的书常夹杂着好多的迷信和理想，《春秋》也不免如此；三传的看法，大体上是对的。但在解释经文的时候，却往往一个字一个字地咬嚼；这一咬嚼，便不顾上下文穿凿附会起来了。《公羊》《穀梁》，尤其如此。

　　这样咬嚼出来的意义就是所谓"书法"，所谓"褒贬"，也就是所谓"微言"。后世最看重这个。他们说孔子修《春秋》，"笔则笔，削则削"，"笔"是书，"削"不是书，都有大道理在内。又说一字之褒，比教你做王公还荣耀，一字之贬，比将你做罪人杀了还耻辱。本来孟子说过，"孔子成《春秋》而乱臣贼子惧"，那似乎只指概括的劝惩作用而言。等到褒贬说发展，孟子这句话倒像更坐实了。而孔子和《春秋》的权威也就更大了。后世史家推尊孔子，也推尊《春秋》，承认这种书法是天经地义；但实际上他们却并不照三传所咬嚼出来的那么穿凿附会地办。这正和后世诗人尽管推尊《毛诗》传、笺里比兴的解释，实际上却不那样穿凿附会地作诗一样。三传，特别是《公羊传》和《穀梁传》，和《毛诗》《传》《笺》，在穿凿解经这件事上是一致的。

三传之中，公羊、穀梁两家全以解经为主，左氏却以叙事为主。公、穀以解经为主，所以咬嚼得更利害些。战国末期，专门解释《春秋》的有许多家，公、穀较晚出而仅存。这两家固然有许多彼此相异之处，但渊源似乎是相同的；他们所引别家的解说也有些是一样的。这两种《春秋经传》经过秦火，多有残阙的地方；到汉景帝、武帝时候，才有经师重加整理，传授给人。公羊、穀梁只是家派的名称，仅存姓氏，名字已不可知。至于他们解经的宗旨，已见上文；《春秋》本是儒家传授的经典，解说的人，自然也离不了儒家，在这一点上，三传是大同小异的。

《左传》这部书，汉代传为鲁国左丘明所作。这个左丘明，有的说是"鲁君子"，有的说是孔子的朋友；后世又有说是鲁国的史官的。这部书历来讨论的最多。汉时有"五经"博士。凡解说"五经"自成一家之学的，都可立为博士。立了博士，便是官学；那派经师便可做官受禄。当时《春秋》立了公、穀二传的博士。《左传》流传得晚些，古文派经师也给它争立博士。今文派却说这部书不得孔子《春秋》的真传，不如公、穀两家。后来虽一度立了博士，可是不久还是废了。倒是民间传习的渐多，终于大行！原来公、穀不免空谈，《左传》却是一部仅存的古代编年通史（残阙又少），用处自然大得多。《左传》以外，还有一部分国记载的《国语》，汉代也认为左丘明所作，称为《春秋外传》。后世学者怀疑这一说的很多。据近人的研究，《国语》重在"语"，记事颇简略，大约出于另一著者的手，而为《左传》著者的重要史料之一。这书的说教，也不外尚德、尊天、敬神、爱民，和《左传》是很相近的，只不知著者是谁。其实《左传》著者我们也不知道。说是左丘明，但矛盾太多，不能教人相信。《左传》成书的时代大概在战国，比公、穀二传早些。

《左传》这部书大体依《春秋》而作；参考群籍，详述史事，征引孔子和别的"君子"解经评史的言论，吟味书法，自成一家言。但迷信卜筮，所记祸福的预言，几乎无不应验；这却大大违背了征实的精神，而和儒家的宗旨也不合了。晋范宁作《穀梁传序》说，"左氏艳而富，其失也巫"；"艳"是文章美，"富"是材料多，"巫"是多叙鬼神，预言祸福。这是句公平话。注《左传》的，汉代就不少，但那些许多已散失，现存的只有晋杜预注，算是最古了。

　　杜预作《春秋序》，论到《左传》，说"其文缓，其旨远"；"缓"是委婉，"远"是含蓄。这不但是好史笔，也是好文笔。所以《左传》不但是史学的权威，也是文学的权威。《左传》的文学本领，表现在记述辞令和描写战争上。春秋列国，盟会颇繁，使臣会说话不会说话，不但关系荣辱，并且关系利害，出入很大，所以极重辞令。《左传》所记当时君臣的话，从容委曲，意味深长。只是平心静气地说，紧要关头却不放松一步；真所谓恰到好处。这固然是当时风气如此，但不经《左传》著者的润饰功夫，也绝不会那样在纸上活跃的。战争是个复杂的程序，叙得头头是道，已经不易，叙得有声有色，更难；这差不多全靠忙中有闲，透着优游不迫神儿，才成。这却正是《左传》著者所擅长的。

——朱自清《经典常谈》

图书在版编目（CIP）数据

国学精粹.上,四书卷　五经卷/唐子恒,赵宇红主编.
—济南：山东文艺出版社，2017.10
ISBN 978-7-5329-5578-7

Ⅰ．①国…Ⅱ．①唐…②赵…Ⅲ．①国学—通俗读物
Ⅳ．①Z126-49

中国版本图书馆CIP数据核字（2017）第228121号

国学精粹　上

四书卷　五经卷
唐子恒　赵宇红　主编

主管单位	山东出版传媒股份有限公司
出版发行	山东文艺出版社
社　　址	山东省济南市英雄山路189号
邮　　编	250002
网　　址	www.sdwypress.com
读者服务	0531-82098776（总编室）
	0531-82098775（市场营销部）
电子邮箱	sdwy@sdpress.com.cn
印　　刷	山东泰安新华印务有限责任公司
开　　本	787毫米×1092毫米　1/16
印　　张	15
字　　数	200千
版　　次	2017年10月第1版
印　　次	2017年10月第1次印刷
书　　号	ISBN 978-7-5329-5578-7
定　　价	30.00元

版权专有，侵权必究。如有图书质量问题，请与出版社联系调换。